Ulmer Taschenbuch 13

Rainer-Michael Lang

Feine und seltene Gemüse

57 Farbfotos
33 Zeichnungen

E.U.
VERLAG
EUGEN
ULMER

Zeichnungen von Claudia Hosslin, Therwil (Schweiz)
Umschlagfoto: Radicchio (s. Seite 80).
Foto auf Seite 2: Erdmandel (Cypergras, s. Seite 56).

CIP-Kurztitelaufnahme der Deutschen Bibliothek

Lang, Rainer-Michael
Feine und seltene Gemüse/Rainer-Michael Lang. –
Stuttgart : Ulmer 1986
(Ulmer Taschenbuch; 13)
ISBN 3-8001-6267-9

Printed in Germany
Satz: Typobauer Filmsatz GmbH, Ostfildern 3
Druck und Bindung: Georg Appl, Wemding

Vorwort

Gemüse war schon lange, bevor man Blumen und Ziergehölze pflanzte, Bestandteil unserer Gärten. Blumen waren nur gefragt, wenn die Pflanze oder die Pflanzenteile entweder als Gewürz oder für medizinische Zwecke zu verwenden waren.
Bis vor wenigen Jahren dominierten in den Hausgärten häufig Zierpflanzen und Rasen. Dieses Bild hat sich inzwischen gründlich geändert. Gemüse wird heute aus den verschiedensten Gründen wieder stärker angebaut. Die Auswahl beschränkt sich indes auf die bekanntesten Gemüsearten, Besonderheiten werden häufig außer acht gelassen. Das hat verschiedene Gründe.
Bis vor kurzem waren z.B. exotische Gemüse nicht oder nur wenig bekannt. Hinzu kommt, daß Gemüsearten aus klimatisch begünstigten Ländern nicht immer für den Freilandbau in unseren Breiten geeignet sind. Kunststoffolien, Vliese, Frühbeet und Kleingewächshaus erlauben es inzwischen auch dem Hobbygärtner, weniger robuste Gemüse im Haus- oder Kleingarten anzubauen. Andererseits gibt es aber eine ganze Reihe nicht alltäglicher Gemüsearten, die sich bei uns problemlos im Freiland kultivieren lassen. Ein weiterer Gesichtspunkt, der den Anbau seltener Gemüsearten fördert, sind die Urlaubsreisen in fremde Länder. Dort lernt man nicht nur Land und Leute, sondern auch die einheimischen Speisen kennen. So mancher wird angeregt, den Anbau dortiger Gemüsearten im eigenen Garten zu versuchen. Die vielen Spezialitätenrestaurants haben darüber hinaus ihren Beitrag geleistet.

Die Einteilung der vorgestellten Gemüsearten in die Kategorien »fein« und »selten« ist im ersten Fall sicher eine Frage des ganz persönlichen Geschmacks und damit auch eine Sache der Zubereitung. So gesehen wird man nur noch wenige Arten zum Grobgemüse zählen können. Dagegen wird man kaum eine der genannten Arten als »gartenüblich« betrachten. Wie dem auch sei, in der Kultur sind die feinen und seltenen Gemüsearten mitunter etwas schwieriger, gerade deshalb aber nicht ohne Reiz für den Gärtner. Gelingen die Kultur und die Zubereitung, wird manche noch ungewohnte Gemüseart sicherlich nicht mehr lange selten bleiben.

Rainer-Michael Lang
Graz im Frühjahr 1986

Inhalt

Knoblauch und kleinfrüchtige Paprika werden in attraktiver Form am Markt angeboten.

Jungpflanzenanzucht und Direktsaat

Saatgut

Für den Anbau der meisten, auch selteneren Gemüsearten ist heute Saatgut erhältlich. Nur bei ganz wenigen, ausdauernden Gemüsen ist man auf andere Möglichkeiten angewiesen. Zu diesen wenigen Gemüsearten zählt z. B. Topinambur, bei dem Knollen gelegt werden.

Saatguteinkauf

Der Saatguteinkauf erfolgt am besten im Fachgeschäft. Gerade für den Anfänger im Garten ist dies zu empfehlen, denn dort erhält er eine spezifische Beratung. Saatgut wird auch im Versandhandel angeboten. Bei Bestellung nach Katalog ist es aber ratsam, auf bewährte Sorten zurückzugreifen.
Inzwischen ist das Sortiment für den Hausgarten sehr umfangreich geworden. Viele Sorten aus dem Erwerbsanbau stehen auch dem Heimgärtner zur Verfügung.
Saatgut für den Hausgarten ist meist in kleineren Tüten abgepackt und in verschiedene Preiskategorien eingeteilt. Dadurch schwankt auch der Packungsinhalt. Auf der Rückseite ist zumeist angegeben, wie viele Pflanzen bei guter Kulturführung herangezogen werden können. Daran kann sich der Bedarf orientieren.
Die Züchtung hat in den letzten Jahren viel geleistet. Immer mehr »F1-Hybriden« werden angeboten. Das sind Züchtungen, die sich durch hohe Erträge und Einheitlichkeit der Bestände auszeichnen. Da die Züchtungsarbeit sehr aufwendig ist, liegt der Preis für dies Saatgut entsprechend höher. Bei den geringen Mengen, die wir für unseren Anbau benötigen, ist das beim Einkauf jedoch nicht entscheidend.
Die Züchter haben sich auch bemüht, Sorten auf den Markt zu bringen, die nicht oder wesentlich weniger anfällig für Krankheiten und Schädlinge sind. Diese Resistenzzüchtungen können den Pflanzenschutzaufwand vermindern. Im Hausgarten ist man ja bemüht, möglichst wenige Pflanzenschutzmittel einzusetzen. Die Resistenzen werden in den Katalogen angegeben.

Pilliertes Saatgut

Verschiedene Sämereien, z. B. Salat, lassen sich wegen ihrer Winzigkeit an Ort und Stelle nur schwer und mit hohem Saatgutaufwand aussäen. Die Samen werden deshalb mit einer Hüllschicht umgeben. Durch die Kugelform lassen sich die »Pillen« sowohl maschinell als auch von Hand besser aussäen. Dieses Saatgut wird vor allem im Erwerbsanbau verwendet, wo die Saatgutkosten eine entscheidende Rolle spielen. Die einfache Handhabung der Saatpillen ist aber auch im Hausgarten von Vorteil.
Für »Pillen« wird nur Saatgut mit besonders hoher Keimfähigkeit verwendet. Dadurch kann auf Endabstand ausgelegt werden (s. Seite 19). Das Saatbett muß bei Verwendung von pilliertem Saatgut besonders gut vorbereitet werden. Während der Keimung ist auf gleichmäßige Feuchtigkeit zu achten, da die Hülle vom Keimling sonst nicht gesprengt werden kann.
Die Vorkultur in Töpfen oder Anzuchtplatten wird durch pilliertes Saatgut

ebenfalls erleichtert (s. Seite 12, 13). In jedem Topf kann so leicht ein Korn abgelegt werden. Das Pikieren wird damit erspart. Die Hüllmasse der Pillen besteht aus speziellen Substanzen. Unter anderem sind Mittel, die dem Keimling einen ersten Schutz gegen Pilzkrankheiten und Schädlinge geben, mit verarbeitet. Eine Saatgutbeizung erübrigt sich daher.

Saatbänder

Auch beim Saatband geht es darum, den Saatgutbedarf zu verringern, die Aussaat zu erleichtern und bereits auf Endabstand der Pflanzen in der Reihe anzubauen. Das Saatgut wird dazu vom Hersteller in einem Papierstreifen eingebettet. Nach dem Auslegen des Streifens wird sofort angegossen, damit das Papier rasch genügend Feuchtigkeit aufnimmt. Erst danach wird mit Erde abgedeckt. Geht man umgekehrt vor, kommt es zu schlechten Keimergebnissen, da der Samen von der Feuchtigkeit abgeschirmt wird.

Quick-Sticks

Für den Hobbygärtner ist die Verwendung von »Quick-Sticks« sicher die einfachste und schnellste Aussaatmethode. Aber dieser Vorteil hat eben seinen Preis. Quick-Sticks sind am teuersten. Das Sortiment ist leider noch klein.
Die Samenkörner sind auf kleine, pfeilförmige Kartonstreifen geklebt. Die Streifen steckt man einfach im erforderlichen Abstand ins Erdreich. Überzählige Keimlinge werden nach dem Aufgang entfernt (s. Abb. Seite 10).

Die 3 genannten Saatgutarten bzw. Aussaatmethoden erleichtern im Vergleich zur Handsaat aus der Tüte die Arbeit ganz wesentlich. Aber wie es bei vielen Dingen ist, je einfacher und bequemer, desto teurer.

Keimfähigkeit

Zu den wichtigsten Eigenschaften des Saatguts zählt dessen Keimfähigkeit. Sie wird in Prozent angegeben. Für jede Pflanzenart ist eine Mindestkeimfähigkeit vorgeschrieben. Saatgut mit geringeren Werten darf nicht in den Handel gebracht werden.
Gemüsesamen behält unter günstigen Lagerbedingungen seine Keimfähigkeit mehrere Jahre. Als günstigste Lagertemperatur haben sich 10 °C erwiesen. Die Luftfeuchtigkeit soll niedrig, etwa um 30 % liegen.
Liegt Saatgut möglicherweise schon 1 oder 2 Jahre bei uns zu Hause, wird zur Sicherheit vor der Aussaat eine Keimprobe vorgenommen. 10 bis 20 Samenkörner werden dazu auf feuchtes Filterpapier gelegt und mit einem Glas abgedeckt. Nun wird der Keimverlauf beobachtet. Aus der Anzahl der Keimlinge und der Geschwindigkeit der Keimung kann auf die Keimfähigkeit des Saatgutes geschlossen werden.
Eine möglichst große Anzahl der Samen sollte zugleich auflaufen. Liegt ein größerer Zeitraum zwischen dem Aufgang der einzelnen Samenkörner, wird auf die Verwendung dieses Saatgutes verzichtet. Da die Keimbedingungen im Gemüsegarten noch ungünstiger sind, wird das Ergebnis dort noch schlechter ausfallen. Dies gilt natürlich auch, wenn

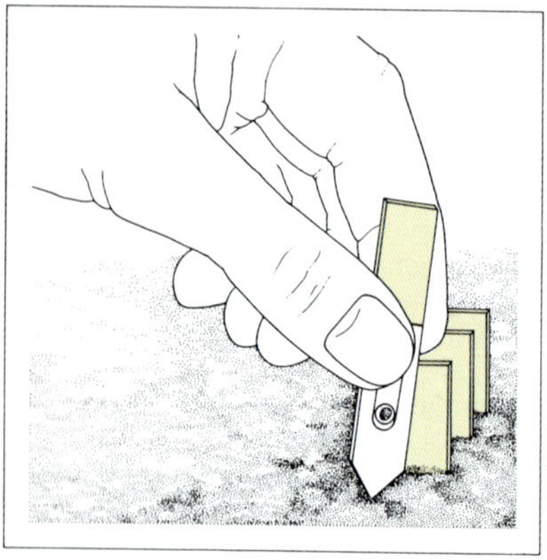

Oben links: Quick-Sticks sind leicht zu handhaben. Sie werden nur bis zur Markierung in das Substrat gesteckt.
Mitte links: Zimmergewächshäuser mit Heizung und Belichtung sind gute Anzuchthilfen.

Mitte rechts: Auch Anzucht-Sets mit Abdeckhauben sind günstig, da sie für Keimung und später für die Jungpflanze gute Klimaverhältnisse schaffen. Zur Abhärtung werden die Abdeckhauben abgenommen.

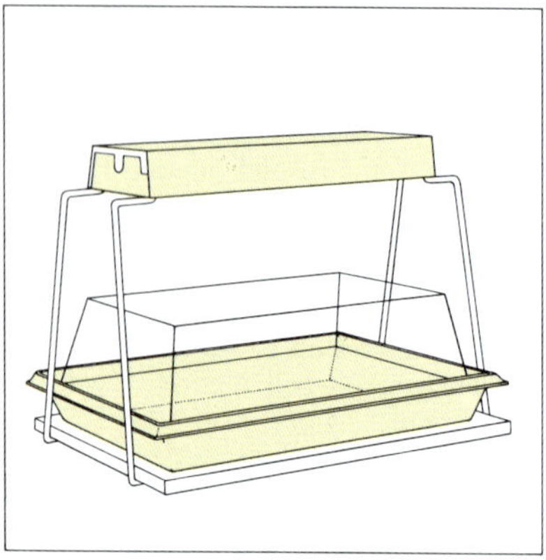

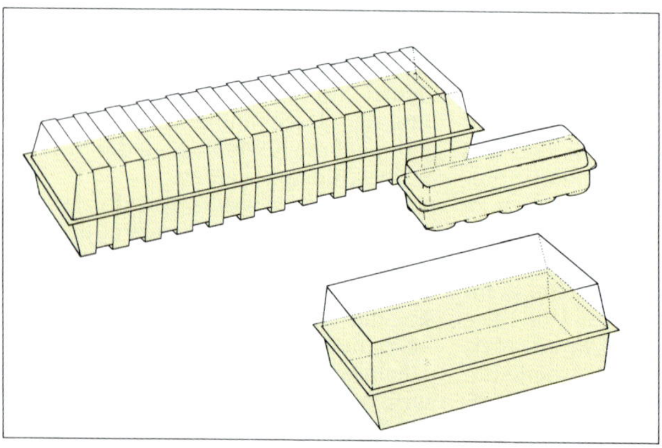

Links: Minigewächshäuser gibt es in verschiedensten Variationen. Häufig werden Torftöpfe oder Torfquelltöpfe mitgeliefert. Beschlagen sich die Abdeckhauben, lüftet man. Befall mit Vermehrungspilzen wird so vorgebeugt.

bei der Keimprobe nur wenige Samenkörner keimen.

Saatgutbeizung

Die Aussaat wird normalerweise bei günstigen Bedingungen vorgenommen. Der Boden sollte erwärmt sein und gute Keimbedingungen bieten. Durch Witterungsumschwünge, besonders im Frühjahr, kommt es oft zu erheblichen Verzögerungen beim Auflaufen des Saatgutes. Hier haben Pilze und Schädlinge häufig leichtes Spiel mit den schwachen Keimlingen. Durch die Beizung wird das Saatgut und der Keimling vor Pilzkrankheiten und tierischen Schädlingen geschützt.
Die Beizmittel sind meist pulverförmig und werden auf zweierlei Weise angewendet:
1. Eine geringe Menge des Mittels wird in die Samenpackung gegeben. Das Säckchen wird verschlossen und geschüttelt. Das Pulver legt sich an die Samenschale an. Das überschüssige Pulver wird in die Pflanzenschutzmittelpackung abgesiebt.
2. Das Saatgut wird in einem Glas mit dem Präparat vermischt. Das verschlossene Glas wird geschüttelt. Danach wird wie bei der ersten Methode verfahren.

Rechts: Torfquelltöpfe sind besonders für die Direktsaat geeignet. In lauwarmem Wasser quellen die Tabletten rasch auf etwa das 5fache an. Durch das feine Kunststoffnetz wird der Ballen zusammengehalten.

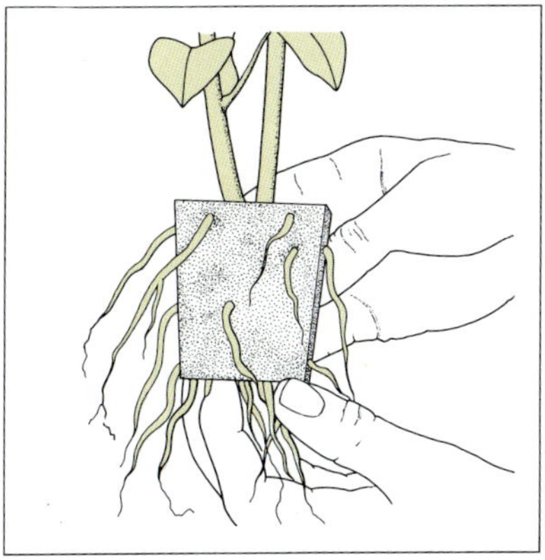

Unten: Torftöpfe sind praktisch in der Anwendung. Durchdringen die Wurzeln die Torfwand, sterben sie ab. Innerhalb des Topfes entsteht ein gutes Wurzelsystem. Vor der Pflanzung wird gut angegossen.

Als Beizmittel können Captan, Metiram oder AAtiram-Combi-Neu verwendet werden. Letzteres wirkt gegen Pilze und Wurzelfliegen. Im übrigen lasse man sich im Fachhandel beraten.

Hilfen für die Vorkultur

Für die Vorkultur unserer Gemüsepflanzen werden zahlreiche Hilfsmittel angeboten. Oft ist es schwierig, sich in dem großen Sortiment zurechtzufinden. Daher sollten wir von der Überlegung ausgehen, was für unsere Zwecke notwendig und brauchbar ist. Manche Dinge können auch aus dem Haushalt übernommen werden.

Saatschalen

Als Saatschalen können Behälter von Tiefkühlprodukten verwendet werden. Ebenso sind Styroporschalen aus dem Lebensmittelbereich geeignet. Die Mindesttiefe ist 3 cm. In den Boden müssen lediglich Löcher gestanzt werden, um den Wasserabzug zu gewährleisten.
Ähnliche Schalen werden auch im Fachhandel angeboten. Da das Material nicht sehr stabil ist, kann nur mit kurzer Lebensdauer gerechnet werden. Wenn man vorhat, die eigene Anzucht intensiv zu betreiben, lohnt sich die Anschaffung von Saatkistchen aus stabilem Kunststoffmaterial.

Zimmergewächshäuser

Der Name ist zwar etwas übertrieben, aber bei der Anzucht leistet ein »Zimmergewächshaus« gute Dienste. Es gibt verschiedene Ausführungen, die sich in der Ausstattung ganz erheblich unterscheiden (s. Abb. Seite 10).
Im Prinzip handelt es sich um Kunststoffschalen, die mit einer Klarsichthaube abgedeckt sind. In diese Minigewächshäuser wird entweder Substrat gefüllt und dann die Aussaat direkt vorgenommen oder man stellt die Anzuchtgefäße hinein. Die Kulturbedingungen sind ziemlich gleichmäßig.
Die Gewächshäuser werden möglichst hell gestellt. Bei Sonneneinstrahlung muß gelüftet, manchmal auch die Haube entfernt werden. Dies ist bei den einfachen Modellen notwendig. Die »Luxusausführungen« können schon alles automatisch regeln. Sie sind mit elektrischer Bodenheizung, Belichtung, automatischer Lüftung und Zeituhr ausgestattet. Durch diese Ausstattung lassen sich sehr gute Anzuchterfolge erreichen. Natürlich hat man aber auch den entsprechenden Preis zu bezahlen.

Anzuchtsets

Von mehreren Firmen werden Anzuchtsets angeboten. Das sind Minigewächshäuser mit Saatschalen, Kunststoff-oder Torftöpfen. In den Anzuchtsets können Aussaat und Pikieren erfolgen. Meist passen sie in der Breite genau auf eine Fensterbank (s. Abb. Seite 10).

Anzuchtplatten

Mehrere Kunststoff- oder Torftöpfe sind hier zu Platten (Multiplatten, Multitopfplatten) zusammengefaßt. Die Außenmaße sind meist auf handelsübliche Schalen abgestimmt oder werden mit Untersetzern angeboten.

Torftöpfe

Sie werden aus Torf gepreßt und für die Aussaat und zum Pikieren verwendet. Die Töpfe werden mit Erde gefüllt und der Samen abgelegt bzw. der Sämling hineinpikiert. Die Pflanzen werden später samt Torftopf gepflanzt und somit im Wachstum nicht gestört, da der Wurzelballen erhalten bleibt. Vor der Pflanzung auf das Beet müssen die Jungpflanzen aber gründlich gegossen werden. Die Torfwand muß naß sein. Die Wurzeln können trockene Torftopfwände kaum durchdringen und trockener Torf nimmt auch kein Wasser auf. Die Wurzeln bleiben im Topf, wie in einem Gefängnis. Schwaches Wachstum oder Ausfall ist das weitere Ergebnis (s. Abb. Seite 11).

Torfquelltöpfe

Diese Töpfe sind auch unter dem Namen »Jiffy«-Torfquelltöpfe bekannt. Torf wird mit Dünger und Kalk vermischt und in Tablettenform gepreßt. Bei Zugabe von Wasser quellen die Tabletten auf etwa das 5fache an. Jiffy-7 und Jiffy-9 sind im Handel. Jiffy-7 ist mit einem Kunststoffnetz umgeben. Dies gibt eine größere Festigkeit. Die Wurzeln können das Netz leicht durchdringen. Jiffy-9 ist ohne Netz. Er hat sich in den letzten Jahren durchgesetzt und wird am häufigsten verwendet (s. Abb. Seite 11).

Kunststoffbecher

Häufig werden Kunststoffbecher als Topfersatz in Gebrauch genommen. Sehr viele Milchprodukte sind so abgepackt. Wichtig ist der Wasserabzug, also auch hier ein Loch in den Boden stanzen. Da der Erdinhalt im Verhältnis sehr groß ist, muß vorsichtiger bewässert werden. Bei zu viel Nässe sind Wurzelschäden die Folge.

Anzuchterde

Für die Anzucht ist ein käufliches Fertigsubstrat am günstigsten. Unkrautbesatz, Krankheiten und Schädlinge sind in diesen Erden selten.
Zahlreiche Produkte werden angeboten. Die Auswahl ist nicht leicht, Qualität und Preis sind ebenfalls sehr unterschiedlich. Gerade für die Anzucht der Jungpflanzen greife man zu guten Qualitätsprodukten. Denn von der Jungpflanze ist der weitere Erfolg abhängig. Auch hier sollte man sich vom Fachmann beraten lassen.

Die Fertigsubstrate bestehen zumeist aus Weiß- und Schwarztorfmischungen, sind auf den günstigsten pH-Wert aufgekalkt und mit Volldüngern versehen. Einige haben auch Ton beigemischt.

Substrate lassen sich aber auch selbst herstellen. Bewährt haben sich Mischungen aus Komposterde (Gartenerde) und Weißtorf im Verhältnis 1:1. Zum Problem bei der Jungpflanzenanzucht kann hier die Verunkrautung werden. Um auch das zu vermeiden, bietet der Fachhandel Bodensterilisatoren an. Der Boden wird in diesen Geräten auf etwa 80 °C erhitzt. Dadurch werden Unkrautsamen und Schadorganismen abgetötet. Eine andere Möglichkeit wäre der Einsatz von chemischen Mitteln. Im Hausgarten sollte man davon nach Möglichkeit absehen. Daher wird auch nicht näher darauf eingegangen.

Auch Torfkultursubstrate (TKS) können selbst hergestellt werden. Auf 10 l gut angefeuchteten Weißtorf werden 30 g Kohlensauerer Kalk und 15 g Blaukorn (Volldünger mit Spurenelementen) gegeben. Besonders wichtige Spurenelemente sind Eisen und Molybdän (Fe und Mo). Eisenmangel verursacht Gelbverfärbungen der Blätter (Eisenchlorose). Molybdänmangel zeigt sich durch Krüppelwuchs oder z. B. bei Blumenkohl durch schlechte Entwicklung der Rose. Eisen wird als Eisenchelat (Fetrilon) mit 0,15 g/10 l Torf beigemischt. Molybdän wird in Form von Natriummolybdat, 0,03 g auf 10 l Torf, eingebracht. Da die Mengen sehr gering sind, werden die Präparate in einigen Litern Wasser aufgeschwemmt und über den Torf gegossen. Es sind auch Spurenelementmischungen im Handel, die zur Herstellung des Substrates verwendet werden können. Hier lasse man sich vom Fachhandel beraten.

Zusatzlicht

Wenn keine andere Möglichkeit vorhanden ist, erfolgt die Anzucht der Jungpflanzen in Wohnräumen auf oder in der Nähe des Fensterbretts. Trotzdem reicht das Licht selten aus, um qualitativ gutes Pflanzenmaterial zu erhalten.
Im Fachhandel sind Leuchtstoffröhren und Lampen für eine Zusatzbeleuchtung der Jungpflanzen erhältlich. Ihr Lichtspektrum ist auf das Pflanzenwachstum abgestimmt. Sie werden 40 bis 50 cm über den Pflanzen aufgehängt. Zur Befestigung verwendet man am besten Ketten, da mit fortschreitendem Pflanzenwachstum die Leuchtkörper stufenlos nachgehängt werden können. Mit entsprechend starken Lampen kann die Jungpflanzenanzucht sogar an dunkelsten Stellen der Wohnung bzw. im Keller durchgeführt werden.
Werden die Leuchten für die Anzucht gerade nicht benötigt, können in den Wintermonaten Zimmerpflanzen belichtet werden. Sie leiden in dieser Jahreszeit häufig an Lichtmangel.

Aussaat, Pikieren

Aussaat in Saatkistchen

Die Anzuchterde wird nach dem Einfüllen am Rand und an den Seiten des Kistchens mit der Hand gut angedrückt. Dadurch werden Setzungen des Materials vermieden. Anschließend wird das Substrat mit einem Brett angepreßt. Die Saatfläche soll eben sein.
Nun wird das Saatgut nicht zu dicht ausgesät. Dadurch haben die Sämlinge von Beginn an ausreichend Platz für ihre Entwicklung. Der Samen wird mit einer Schicht Anzuchterde oder Sand abgedeckt, so daß er gerade bedeckt ist. Dazu verwendet man ein engmaschiges Sieb. Danach wird angegossen. Eine Gießkanne mit feiner Brause ist am besten geeignet. So wird ein Verschlämmen verhindert.
Wenn die Kistchen im Gewächshaus oder Frühbeet aufgestellt werden, kann mit Zeitungspapier zusätzlich abgedeckt werden. Dadurch wird die Feuchtigkeit länger gehalten. Sobald die Keimblätter erscheinen, wird es entfernt.

Aussaat in Töpfe oder in Platten

Durch die sofortige Aussaat in einzelne Töpfe aus Ton oder Kunststoff, auf Multitopfplatten (s. Abb. Seite 18), in Torftöpfe, Jiffy-Torfquelltöpfe u. a. entfällt der Pikiervorgang. Man erhält kräftige Pflanzen mit gutem Wurzelballen. Ein zügiges weiteres Wachstum ist dadurch gewährleistet. Für die einzelne Pflanzenart muß die richtige Topfgröße gewählt werden.

Die Arbeitsgänge bei der Aussaat.

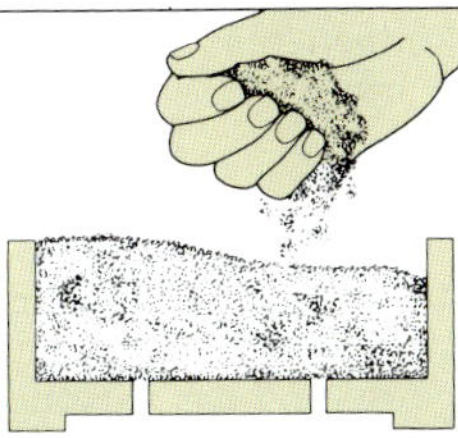

Erde einfüllen, leicht andrücken

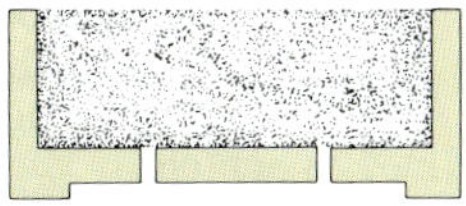

Mit Latte glattstreichen

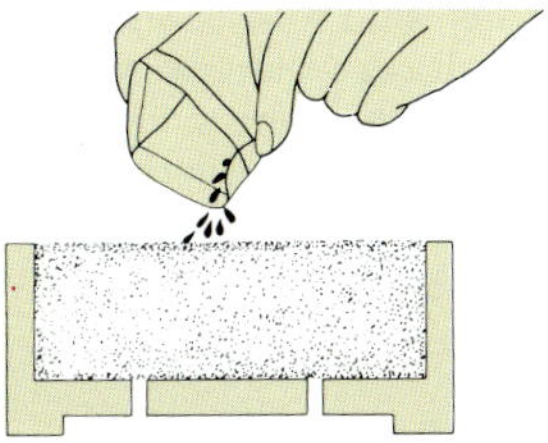

Feines Saatgut aus der Tüte aussäen

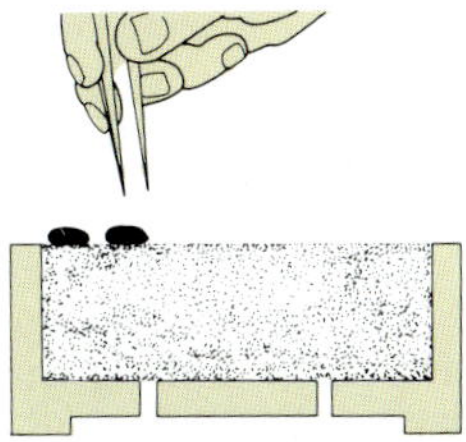

Grobes Saatgut mit der Pinzette auslegen

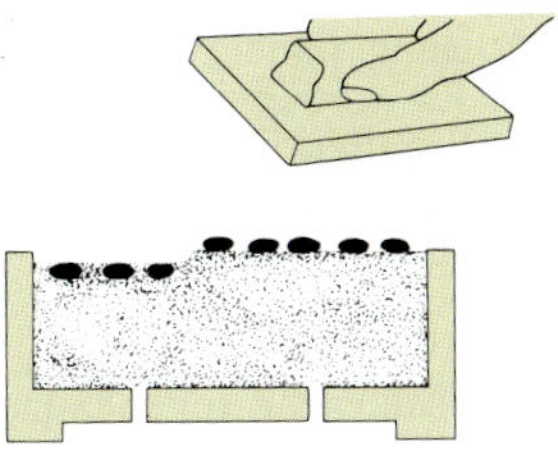

Andrücken der Samen mit Brettchen

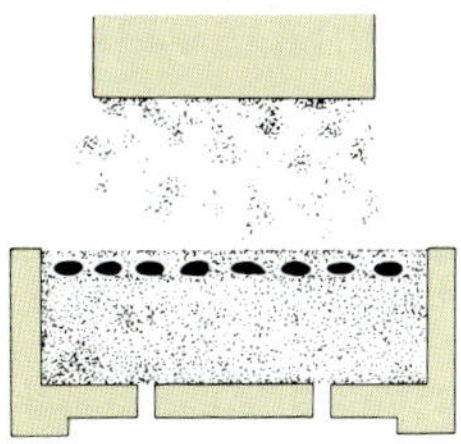

Absieben der Samen
Feines Saatgut wird nicht abgesiebt

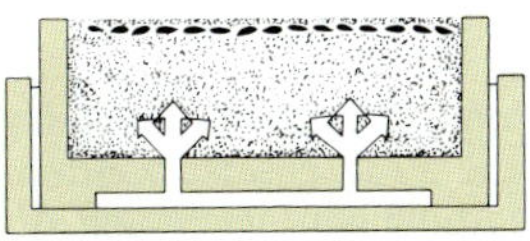

Wässern der Aussaatkiste mit feinem Saatgut

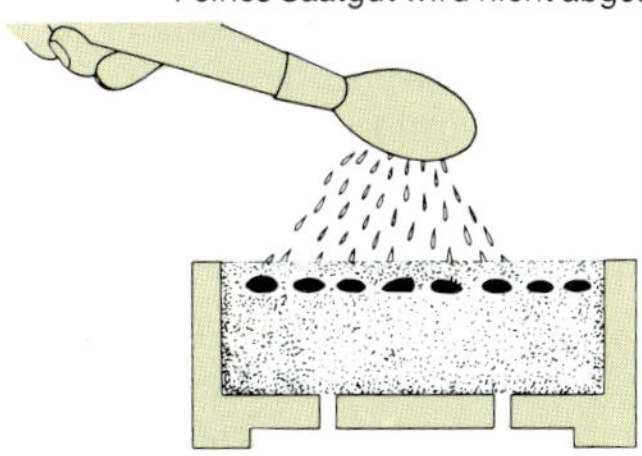

Angießen von grobem Saatgut mit feiner Brause

Je nach Gemüseart und auch in Abhängigkeit von der Keimfähigkeit werden 1 oder mehrere Samenkörner je Topf gelegt. Normalsaatgut wird, wie im Abschnitt vorher beschrieben, abgedeckt. Pilliertes Saatgut muß nicht abgedeckt werden. Auf gleichmäßige Feuchtigkeit ist unbedingt zu achten.
Diese Art der Anzucht kommt bei Kohlgemüse, Gurken, Melonen, Salat u. a. in Frage.

Aussaat im Freilandsaatbeet

Für die Jungpflanzenanzucht zu einem späteren Zeitpunkt (spätes Frühjahr, Sommer) sind keine Kulturräume notwendig. Die Aussaat erfolgt auf vorbereitete Flächen. Die Erde muß feinkrümelig sein. Um eine gute Ballenbildung zu erreichen, wird die Erde mit Torf verbessert, d. h. 10 bis 15 l/m^2 Weißtorf eingearbeitet.
Die Aussaat erfolgt in Reihen oder breitwürfig. Die Reihensaat ist vorzuziehen, da zwischen den Reihen der Boden bearbeitet werden kann, bei Breitsaat aber nicht.
Auch hier muß die Aussaat locker erfolgen. Die Pflanzen verbleiben bis zum Versetzen an den endgültigen Standort auf dem Anzuchtbeet und benötigen genügend Raum für ihre Entwicklung. Zu dicht stehende Sämlinge werden frühzeitig entfernt.
Im Saatbeet vorkultiviert werden zumeist Kohlgemüsearten, Salat und Endivien. Sie können auch an Ort und Stelle gesät werden. Durch die Vorkultur im Saatbeet werden die Flächen jedoch besser ausgenutzt, wie dies auch bei der Anzucht in Gefäßen der Fall ist. Dadurch können 2 bis 3 Ernten von einer Fläche erfolgen.

Etikettierung

Die Etiketten dürfen nicht übersehen werden. Auf ihnen werden die Gemüseart, die Sorte und das Aussaatdatum vermerkt. So hat man immer eine Kontrolle über den Keimungsverlauf.
Am besten sind Kunststoffetiketten, die wiederholt verwendet werden können. Für die Beschriftung sind Spezialstifte im Handel. Die Farbe verblaßt auch unter Freilandbedingungen nicht, wie es bei Folienstiften sonst der Fall ist.

Pikieren

Wenn in Kistchen gesät wurde, müssen die Pflanzen eine gewisse Zeit nach dem Aufgang pikiert, d.h. vereinzelt werden. Es werden nur Sämlinge mit voll entwickelten und kräftigen Keimblättern genommen. Durch das Pikieren wird die Entwicklung eines reich verzweigten, kräftigen Wurzelsystems erreicht. Wird zu spät pikiert, erhält man nur schwache Jungpflanzen, die wiederum schlechtere Ernten zur Folge haben. Die Anfälligkeit für Krankheiten wird ebenfalls gefördert.
Die Keimlinge im Saatkistchen werden mit dem Pikierholz angehoben, an den Keimblättern gefaßt und in vorbereitete Kistchen oder Töpfe gesetzt. Es ist wichtig für die Standfestigkeit, daß die jungen Pflänzchen bis zu den Keimblättern in die Erde gesetzt werden. Mit dem Pikierholz wird leicht angedrückt. Die Wurzeln werden bei Bedarf mit den Fingernägeln leicht gekürzt.

Pikieren bis zu den Keimblättern ist wichtig für die Standfestigkeit der Sämlinge.

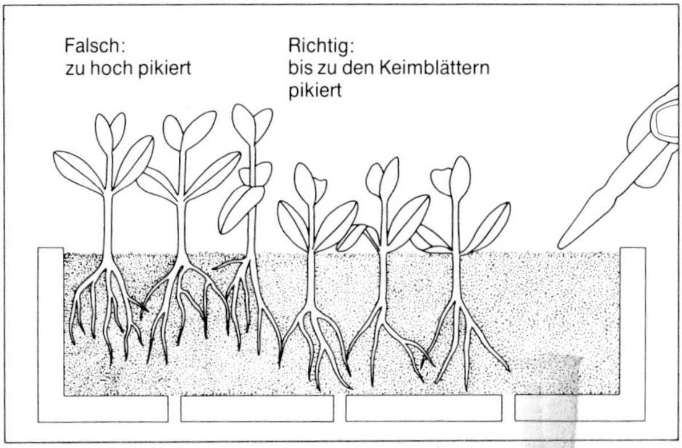

Der Pikierabstand richtet sich nach dem vorhandenen Platz und der Wuchsstärke der Sämlinge. Bei Salat ist ein Abstand von 4 × 4 cm ausreichend, bei Tomaten geht man auf 8 × 8 bis 10 × 10 cm. Prinzipiell sollte jedoch möglichst eng pikiert werden, weil sich viele Pflanzen durch das gute Bestandsklima bei engem Abstand besser entwickeln. Die pikierten Pflanzen werden angegossen und die ersten Tage schattiert. Durch das Pikieren erhält man bei entsprechender Pflege kräftige, gedrungene Pflanzen mit einem gut entwickelten Wurzelsystem. Bei Bedarf kann auch ein zweites Mal pikiert werden. Gegenüber direkt in Töpfen gesäte Pflanzen liegen pikierte zeitlich jedoch etwas zurück (s. Abb. Seite 18).

Direktsaat im Freiland

Bei bestimmten Arten erfolgt die Aussaat bereits am endgültigen Standort auf ein vorbereitetes Beet. Neben den erwähnten Möglichkeiten der Reihensaat und der breitwürfigen Saat sind noch die Horst- oder Dippelsaat sowie die Einzelkornsaat zu nennen.

Breitsaat

Das Saatbeet wird feinkrümelig vorbereitet. Zu trockene Flächen werden einige Stunden oder am Tag zuvor gegossen. Die abgetrocknete Erdoberfläche lockert man vor der Aussaat mit einem Rechen.
Der Samen wird entweder aus der Hand oder direkt aus der Tüte ausgesät. Zwischen den einzelnen Körnern muß entsprechend Platz bleiben. Dazu ist einige Übung notwendig.
Kleine Flächen können mit Torf abgedeckt werden. Bei größeren Beeten wird der Samen mit dem Rechen leicht eingearbeitet. Dabei ist besonders auf die Einbringtiefe zu achten, um günstige Keimbedingungen zu erhalten. An-

Multitopfplatten sind zur Pflanzenanzucht vielseitig zu verwenden. Man füllt die Erde ein, streicht sie glatt und pikiert die Pflänzchen hinein. Bewurzelte Stecklinge werden mit einem kleinen Ruck herausgenommen. Das Umsetzen in Platten mit einem größerem Topfdurchmesser ist leicht möglich (unten rechts).

Oben: Aussaat von Hand, mit Saatband oder Särolle.

Unten: Vereinzeln von Sämlingen auf Endabstand.

schließend wird bewässert. In der Folgezeit wird die eingesäte Fläche gleichmäßig feucht gehalten. Schon kurze Trockenheit während des Keimvorganges kann zu Ausfällen führen.

Problematisch bei der Breitsaat ist die spätere Unkrautbekämpfung. Da Geräte nicht verwendet werden können, muß das Unkraut von Hand gezogen werden.

Bei Gemüsearten, die in diesem Buch beschrieben sind, wird die Breitsaat nur zur Anzucht angewendet. Sonst ist sie bei Radies, Feldsalat und Spinat unter Glas gebräuchlich.

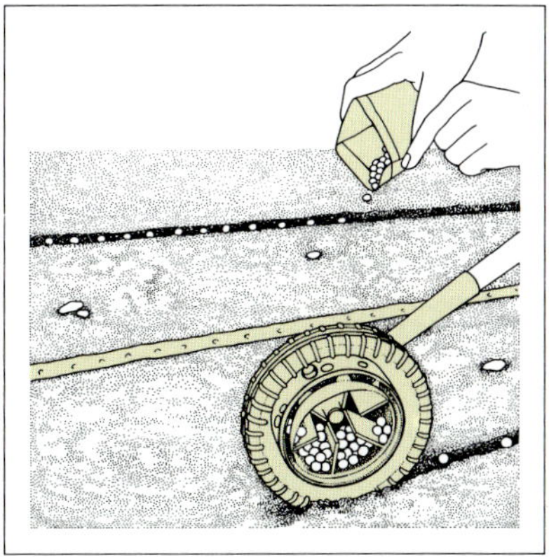

Reihensaat

Das Beet wird ebenfalls gut vorbereitet. Mit einer kleinen Hacke, einem Rillenzieher oder dem Stielende des Rechens werden entlang der Pflanzleine die Reihen gezogen. Gerade wenn seichte Rillen benötigt werden, hat sich das Stielende des Rechens bewährt.

Die Tiefe der Rille ist von der Gemüseart abhängig und ist im Katalog oder auf der Samenpackung angegeben. Im Schnitt entspricht die Saattiefe der 3fachen Samenstärke. Die Aussaat erfolgt von Hand oder mit dem Sägerät, das diese Arbeit übrigens wesentlich erleichtert.

Mit der Rückseite des Rechens oder einem ähnlichen Werkzeug werden die Rillen geschlossen und die Erde leicht angedrückt. Dadurch ist ein besserer Bodenschluß gegeben. Feuchtigkeit aus dem Untergrund kann leichter aufsteigen, die Keimung wird gefördert.

Die Aussaaten müssen wiederum gleichmäßig feucht gehalten werden.

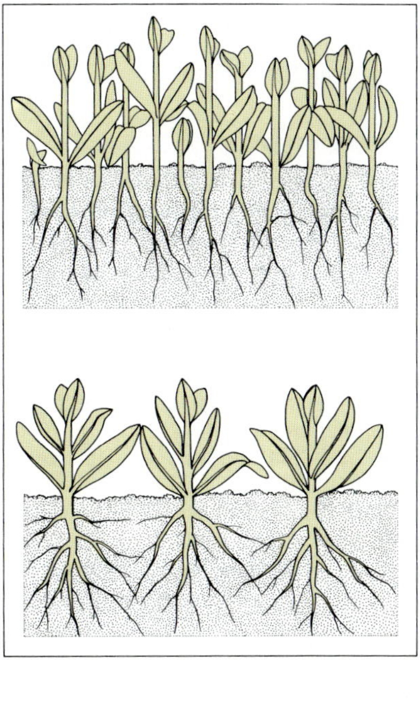

Nach dem Aufgang wird auf Endabstand vereinzelt, d. h., überzählige Sämlinge werden mit der Hacke, manchmal auch von Hand entfernt. Sollten größere Fehlstellen entstanden sein, kann man diese Pflanzen in diese Zwischenräume setzen. So erhält man wieder einen geschlossenen Bestand.
Reihensaat wird z. B. bei Salat, Erbsen und Zuckermais durchgeführt.

Horstsaat

Diese Aussaatform ist besonders beim Freilandanbau von Gurken, Melonen und Kürbis üblich. In entsprechendem Abstand werden mehrere Samenkörner in eine flache Erdmulde gelegt. Man geht jedoch immer mehr von dieser Form ab. Bei Mulchfolienkultur wird sie noch erhalten bleiben.

Einzelkornsaat

Bei der Einzelkornsaat handelt es sich um eine exaktere Form der Reihensaat. Sie erfolgt von Hand oder mit Sägeräten. Dabei wird der Samen genau auf Endabstand (gewünschter Abstand) abgelegt. Das Vereinzeln erübrigt sich.
Für die Einzelkornsaat ist speziell das runde und pillierte Saatgut geeignet. Natürlich muß auch die Samengröße entsprechend sein.
Für diese Saatmethode sind im Hausgarten nicht immer Sägeräte vorhanden. Daher werden, wie schon erwähnt, Saatbänder verwendet.

Kauf von Jungpflanzen

Immer wieder liest man: »Kauf von Jungpflanzen ist Vertrauenssache!« Es stimmt schon, aber es ist auch eine Sache des Wissens.
Gute Jungpflanzen zu erkennen, ist nicht schwierig. Besonderes Augenmerk ist auf die Wurzelentwicklung zu legen. Sie ist wesentlich wichtiger als die Entwicklung der oberirdischen Pflanzenteile. Wenn der Wurzelballen in Ordnung ist, kann bei der Weiterkultur nicht mehr viel schiefgehen. Lieber kleinere Jungpflanzen mit großem Wurzelballen als viel Blattmasse mit wenig Wurzeln!
Auch der Abstand von Blatt zu Blatt gibt Aufschluß über die Vorkultur. Tomaten und Paprika dienen hier als Beispiele. Sie stehen oft zu dicht und entwickeln dann lange Internodien (Abstände zwischen den einzelnen Blättern).
Bei der Entnahme aus dem Kistchen darf kaum Erde abfallen. Bei guter Durchwurzelung ist dies der Fall.
Da heute fast nur mehr pikierte Pflanzen angeboten werden, sollte man zu diesen greifen. Ein Schock nach dem Pflanzen in das Beet im Garten ist kaum festzustellen.
Pflanzen, die direkt aus dem Saatbeet kommen, leiden sehr stark, da das Blatt-Wurzel-Verhältnis meist zuungunsten der Wurzeln ausfällt. Ausfälle und eine verzögerte Weiterentwicklung sind die Folge.

Pflanzung und Pflege

Boden

Wenn wir vom Boden sprechen, so geht es nicht nur um jenes Material, das unseren Pflanzen Halt gibt. Den Boden kann man beinahe schon als eigenen Organismus ansprechen. Zahlreiche Lebewesen, Bakterien, Pilze, Fadenwürmer, Insekten und nicht zuletzt der Regenwurm leben im und vom Boden. Von unseren Maßnahmen bei der Bodenbearbeitung und Pflege werden deshalb nicht nur die Pflanzen betroffen, sondern auch diese Lebewesen.
Der Boden gibt den Pflanzen Halt und versorgt sie mit Nährstoffen und Wasser. Sein Zustand ist entscheidend für den Erfolg mit unseren Kulturpflanzen. Wir müssen daher bemüht sein, durch entsprechende Maßnahmen die Bodenqualität zu erhalten oder zu verbessern. Bei neuen Gartenanlagen z. B. kann man immer wieder Probleme beobachten. Der Boden ist durch die Bautätigkeit stark verdichtet. Verbesserungsmaßnahmen werden nur selten getroffen. Kümmerlicher Wuchs ist nur eine Folge davon. Der Boden kann in diesem Fall durch Gründüngung mit Leguminosen oder Gründüngungsgemischen sowie Zusatz von Stallmist u. a. verbessert werden.
Um unseren Gartenboden verbessern zu können, müssen seine Eigenschaften bekannt sein. Daher läßt man am besten eine Bodenprobe bei einer entsprechenden Anstalt untersuchen. Hier bekommt man Aufschluß über Nährstoff- und Humusgehalt sowie über den pH-Wert des Bodens. Nach diesem Ergebnis richten sich die weiteren Maßnahmen.
Nährstoffuntersuchungen können auch mit Hilfe von »Heimlabors« durchgeführt werden. Diese »Labors« sind im Fachhandel erhältlich. Trotzdem sollten Kontrolluntersuchungen einmal im Jahr durchgeführt werden.
Wir unterscheiden zwischen leichten, mittleren und schweren Böden. Dies hängt vom Verhältnis der Sand- und Tonteile ab. Leichter Boden hat einen höheren Sandanteil und ist daher leichter zu bearbeiten. Weitere Eigenschaften des leichten Bodens sind gute Durchlüftung, reiches Bodenleben, rasche Erwärmung im Frühjahr, starke Wasserdurchlässigkeit und rasches Austrocknen, schlechte Nährstoffspeicherung und rascher Humusabbau.
Bei schweren Böden sind die Tonteilchen in der Mehrzahl, die Bearbeitung ist schwieriger. Weitere Eigenschaften schwerer Böden sind schlechte Durchlüftung, geringes Bodenleben, langsame Erwärmung, geringe Wasserdurchlässigkeit, gute Nährstoffspeicherung.
Wenn Ton- und Sandteile in einem ausgeglichenen Verhältnis vorhanden sind, z. B. bei sandigem Lehm, kann man von günstigen Bodeneigenschaften sprechen.
Die negativen Eigenschaften beider Bodenarten können durch die Zugabe von organischen Düngern (Stallmist, Kompost usw.) verbessert werden. Schwerer Boden läßt sich durch Sand oder Zugabe von Kunststoffen, z. B. Styroporflokken, lockerer und leichter machen.

Bodenreaktion

Die Bodenreaktion kann sauer, neutral oder alkalisch sein. Sie wird durch den

pH-Wert ausgedrückt. Der Neutralpunkt ist pH-7. Unter diesem Wert liegt der saure, darüber der alkalische Bereich.
Für unsere Gemüsepflanzen sollte der pH-Wert des Bodens zwischen 5,5 und 6,8 liegen.
Durch Kalkung kann der pH-Wert angehoben werden. Eine Senkung des pH-Werts ist dagegen wesentlich schwieriger. Durch Zugabe von Torf und kalkfreien Düngern ist dies nur in geringem Umfang möglich.

Humus

Ein wichtiger Bestandteil eines guten Gartenbodens ist der Humus. Er besteht im wesentlichen aus abgestorbenem Pflanzenmaterial, das von den Bodenlebewesen, vor allem Bakterien, ab- und umgebaut wird (Prozeß der Humusbildung). Ein wichtiger Humusbildner ist der Regenwurm (Kompost!). Regenwurmkompost wird inzwischen sogar im Handel angeboten, ebenso Kompostwürmer, eine bestimmte Regenwurmart, die von halbverrotteten Pflanzenteilen lebt. Ihre Ausscheidungen sind reich an Pflanzennährstoffen.
Die Anzahl der Bodenlebewesen ist in der oberen Bodenschicht am größten, weil hier die Temperaturbedingungen am günstigsten sind. Starke Sonneneinstrahlung und Austrocknen ist für die Kleinlebewesen jedoch schädlich. Durch Bodenabdeckung (mulchen) mit organischen Materialien kann dies verhindert werden. Das Mulchmaterial, z. B. Grasschnitt, wird wieder in Humus umgewandelt. Durch die Arbeit der Bodenorganismen werden Nährstoffe freigesetzt, die unseren Pflanzen zur Verfügung stehen. Dadurch können Düngemittel ersetzt werden.
Auch bei der Bodenbearbeitung sollte auf die Bodenlebewesen Rücksicht genommen werden.

Bodenbearbeitung

Schwerer Boden wird im Herbst grobschollig umgegraben. Die Winterfeuchtigkeit kann so gut in den Boden eindringen und die groben Schollen werden vom Frost gesprengt. Im Frühjahr soll der Boden nicht mehr gewendet werden. Dadurch ginge zuviel Feuchtigkeit verloren. Der Boden wird, sobald er genügend abgetrocknet ist, mit dem Rechen oder Kultivator bearbeitet, so daß der Bodenschluß erhalten bleibt. Wenn dies nicht der Fall ist, kann es bei Gemüsesaaten zu Mißerfolgen kommen.
Leichter, humusreicher Boden muß im Herbst nicht unbedingt umgegraben werden. Hier genügt das Auflockern mit der Grabgabel. Im Abstand von einer Schuhlänge wird die Gabel eingestochen und der Boden durch Umdrücken des Stiels etwas angehoben. So kann Luft und Wasser eindringen. Im Frühjahr wird mit dem Kultivator noch einmal durchgearbeitet.
Die Feinbearbeitung des Saat- oder Pflanzbeetes wird mit dem Rechen vorgenommen. Dabei kann gleichzeitig Dünger eingearbeitet werden. Die Erde soll krümelig sein. Größere Erdbrocken werden zerschlagen, Steine entfernt man.
Die Beete werden in einer Breite von 1 m bis 1,20 m angelegt. Die Wege werden entlang der Pflanzschnur abgetre-

Auf dem Hochbeet gedeihen die Pflanzen sehr üppig.

Die Mischkultur wird ebenso wie auf dem Hügelbeet praktiziert.

ten. Bei intensiver Mischkultur werden keine Beete angelegt. Hier wird zwischen den Pflanzreihen gegangen.

Düngung

Die Düngung ist neben Bodenbearbeitung und Bewässerung entscheidend für den Erfolg im Gemüsegarten. Die Nährstoffe haben aber nicht alleine die Aufgabe, unsere Pflanzen zu ernähren, sondern sind zum Teil auch für das Bodenleben mitverantwortlich.
Unsere Pflanzen entziehen dem Boden im Lauf des Jahres erhebliche Nährstoffmengen. Nur in geringem Maß werden diese auf natürlichem Weg, z. B. aus Pflanzenresten, die am Beet verbleiben, ergänzt. Daher haben wir die Aufgabe, die fehlenden Nährstoffe zu ergänzen. Vorteilhaft ist deshalb eine Bodenuntersuchung durch entsprechende Anstalten. Zumindest einmal im Jahr sollte die Erde des Gemüsegartens auf den Nährstoffgehalt untersucht werden.
Es sind auch sogenannte Gartenlabors für den Hobbygärtner im Handel, mit deren Hilfe Bodenuntersuchungen selbst durchgeführt werden können. Entsprechend den Untersuchungsergebnissen erfolgt die Nachdüngung. Nach Gefühl zu düngen, gelingt nur wenigen. In der Regel wird zuviel an Nährstoffen gegeben. Überdüngte Pflanzen sind wesentlich anfälliger für Krankheiten und Schädlinge. Dies gilt auch für Gewächse, die eine »Hungerkur« durchmachen müssen.

Die Hauptnährstoffe

Für das Wachstum der Pflanzen sind 16 Nährstoffe erforderlich. Von besonderer Wichtigkeit sind Stickstoff (N), Phosphor (P), Kalium (K), Magnesium (Mg) und Kalk (Ca). Sie werden auch als Haupt- oder Makronährstoffe bezeichnet.

Wichtig sind auch die Spurenelemente oder Mikronährstoffe. Sie werden aber nur in geringen Mengen benötigt. Überkonzentrationen führen rasch zu Wachstumsstörungen und zum Absterben der Pflanzen. Zu den Spurenelementen zählen Eisen (Fe), Bor (B), Kupfer (Cu), Mangan (Mn), Molybdän (Mo), Zink (Zn) u.a. Mangelerscheinungen kommen indes selten vor, da die meisten Volldünger auch Mikronährstoffe enthalten.
Stickstoff ist in erster Linie für das Pflanzenwachstum verantwortlich und auch Baustein von Eiweißstoffen. Gut versorgte Pflanzen sind kräftig grün und haben voll entwickelte Blätter.
Mangel zeigt sich durch Blattaufhellungen im unteren Bereich. Alte Blätter verfärben sich gelb und sterben später ab. Der Stickstoff wird aus diesem Bereich zu den Wachstumspunkten transportiert. Überdüngung ist an der dunkelgrünen Farbe und am starken Wuchs, aber auch an weichem Gewebe erkennbar. Solche Pflanzen sind stärker durch Krankheiten und Schädlinge gefährdet.
Leguminosen (Erbsen, Bohnen, Klee) können mit Hilfe von Knöllchenbakterien Stickstoff aus der Luft aufnehmen. Die anderen Pflanzen sind hauptsächlich auf den mineralischen Stickstoff

(Nitrat = NO_3) angewiesen, der sich im Boden bildet oder zugeführt wird. Da Stickstoff leicht ausgewaschen wird, ist auf eine harmonische Düngung zu achten.

Phorspor wird von den Pflanzen in geringeren Mengen als Stickstoff benötigt. Er hat wichtige Aufgaben im Stoffwechsel der Pflanze zu erfüllen, ist aber auch Bestandteil der Eiweißstoffe.

Phosphor ist entscheidend für die Blühwilligkeit, die Frucht-und Samenbildung sowie für die Wurzelentwicklung. Häufig wird heute noch eine phosphorbetonte Düngung zum Blühbeginn empfohlen. Dies soll den Blütenreichtum fördern. Versuche konnten dies nicht bestätigen. Wichtig und entscheidend ist die gleichmäßige Phosphorversorgung. Phosphormangel zeigt sich an Deformationen der Blätter und rötlichen Verfärbungen.

Phosphor wird kaum ausgewaschen, da er nur zu einem geringen Teil wasserlöslich ist.

Kalium ist am Aufbau von Kohlehydraten beteiligt. Das Gewebe wird gefestigt und die Frost- und Winterhärte gefördert. Die Lagerfähigkeit von Obst und Gemüse wird ebenso günstig beeinflußt.

Bei guter Kaliversorgung tritt Stickstoffüberdüngung nicht so deutlich in Erscheinung. Bei Kalimangel welken die Pflanzen frühzeitig und die Widerstandskraft gegen Krankheiten und Schädlinge ist geringer.

Kali ist leicht wasserlöslich. Es sollten möglichst chlorfreie Kalidünger verwendet werden.

Magnesium ist für die Bildung des Blattgrüns (Chlorophyll) äußerst wichtig. In sauren Böden kann Magnesium festgelegt werden. Durch Aufkalken wird der Mangel behoben. Der Magnesiumbedarf wird im allgemeinen durch Volldüngergaben gedeckt.

Kalk dient der Bodenverbesserung und der Pflanzenernährung. Zuviel Kalk verhindert indes die Kaliaufnahme und kann Kalimangelerscheinungen hervorrufen. Durch Kalk werden Umsetzungsvorgänge im Boden beschleunigt. Schwer aufnehmbare Nährstoffe werden leichter verfügbar.

Kalk wird ausgewaschen und muß daher entsprechend ergänzt werden.

Organische Dünger

Organische Dünger bringen nicht nur notwendige Nährstoffe in den Boden, sondern tragen auch zur Verbesserung der Bodenstruktur und des Bodenlebens bei. Daher soll man sich nicht nur auf die Mineraldünger verlassen.

Der Stallmist ist der bekannteste organische Dünger, aber gerade im städtischen Bereich nur schwer zu bekommen. Da lohnt es sich schon, auf Kompost auszuweichen. Für den Hausgarten ist dies der billigste Dünger, den überdies jeder selbst herstellen kann.

Kompost. Zur Kompostierung eignen sich die meisten Gartenabfälle und Rückstände aus dem Haushalt. Kompostiert wird entweder auf Haufen oder in Behältern.

Komposthaufen sollen eine Breite von 1,50 m nicht überschreiten. Die Höhe liegt bei 1,20 m. Dadurch ist eine richtige Belüftung auch im Inneren des Komposthaufens gewährleistet. Der Rotteprozeß kann gut ablaufen.

Um die Rotte zu fördern, werden nach jeweils 20 bis 25 cm Aufschichtung Kalk und Stickstoffdünger eingestreut. Das sind etwa 3 kg/m^3. Sehr gut ist auch Kalkstickstoff geeignet. Kalkstickstoff tötet bei der Umsetzung keimenden Unkrautsamen ab. Als Stickstoffdünger ist auch Harnstoff sehr gut geeignet. Durch diese Düngergaben wird die Bakterientätigkeit gefördert und somit der Rotteprozeß beschleunigt.

Im Handel sind auch Kompostbeschleuniger erhältlich. Das sind Bakterienkulturen, die ebenfalls den Rotteprozeß fördern. Man kann aber auch mit altem Kompost einen frisch angelegten Komposthaufen »impfen«. Damit bringt man ebenfalls die zur Verrottung notwendigen Lebewesen in den neuen Komposthaufen.

Der Komposthaufen wird an einem schattigen bis halbschattigen Platz angelegt. Bei Trockenheit muß bewässert werden. Häufig werden auch Pflanzen auf den Komposthaufen gesetzt, die zur Beschattung beitragen sollen. Diese sind an den Fuß des Komposthaufens zu setzen, da sie sonst zu viele Nährstoffe entziehen. Gut geeignet sind Kürbisse, die mit ihren langen Ranken bald die Beschattung übernehmen.

Stallmist verdient seinen Namen sicher nicht mehr. Zu sehr hat das Wort »Mist« einen negativen Charakter bekommen. Oft wird daher auch der Name »Stalldünger« benutzt.

Stallmist wird auf die Beete im Abstand von 2 bis 3 Jahren mit etwa 2 bis 4 kg/m^2 ausgebracht. Auf diesen Flächen werden Gemüsearten mit hohem Nährstoffbedarf kultiviert. Dazu zählen Kohlgemüse mit Ausnahme von Kohlrabi, Gurken, Tomaten und Paprika. Stallmist darf, besonders bei schweren Böden, nicht zu tief eingearbeitet werden. Wenn zu wenig Luft vorhanden ist, erfolgt keine Verrottung. Der Stallmist vertorft und die gewünschte Wirkung geht verloren.

Stallmist kann auch zur Kompostierung verwendet werden. Man bekommt dieses Produkt als Regenwurmkompost angeboten.

Tierische Abfälle. Dabei handelt es sich um Mischdünger aus Horn-, Knochen- und Blutmehl. Diese Dünger kommen aber nur langsam zur Wirkung, daher verwendet man sie meist zur Kompostierung oder setzt sie auch Torfsubstraten bei.

Torf. Torf darf im engeren Sinne nicht als Nährstofflieferant angesehen werden. Er dient, wenn andere Humuslieferanten fehlen, zur Verbesserung des Humusgehaltes im Boden. Auf 100 m^2 werden 2 Ballen leicht eingearbeitet. Trokkener Torf muß vorher angefeuchtet werden. Er entzieht dem Boden sonst zu viel Feuchtigkeit. Schlechte Keimergebnisse sind die Folge.

Neben dem reinen Torf sind viele Torfkultursubstrate (TKS) im Handel, die mit Mineraldüngern angereichert sind und auch zur Flächendüngung eingesetzt werden können.

Mineraldünger

Mineraldünger oder Handelsdünger, wie sie fachlich richtig bezeichnet werden, zählen zu den wichtigsten Düngemitteln. Sehr häufig wird auch die Bezeichnung »Kunstdünger« verwendet. Es gibt aber keine Kunstdünger, son-

Das Pflanzen. Mit dem Setzholz wird ein Pflanzloch gemacht. Die Pflanze wird eingesetzt und die Erde mit dem Setzholz etwas gegen die Wurzeln gedrückt. Bei leichtem Zug muß die Pflanze fest sitzen.

dern es ist eine Kunst zu düngen. Die Nährstoffe in den Mineraldüngern sind nicht »künstlich«, sondern werden entweder in Bergwerken (Phosphor, Kalium) oder aus unserer Luft (Stickstoff) gewonnen.
Im Hausgarten arbeitet man zumeist mit Volldüngern, da dies am einfachsten ist. In ihnen sind die Hauptnährstoffe Stickstoff, Phosphor und Kali in einem ausgewogenen Verhältnis enthalten. Zusätzlich sind Volldünger meist auch mit Magnesium und Spurenelementen angereichert.
Volldünger werden zur Grund- und Kopfdüngung verwendet. Sie sind teil- bis voll wasserlöslich. Neben den Volldüngern gibt es auch Dünger, die nur einen oder 2 Nährstoffe enthalten.
Flüssigdünger. Sie enthalten wie Volldünger Stickstoff, Phosphor und Kali, Magnesium und Spurenelemente. Sie werden zur Kopf- und Blattdüngung verwendet. Durch die einfache Handhabung sind sie sehr gefragt.
Düngestäbchen, Düngetabletten. Stäbchen und Tabletten sind besonders für die Gefäßkultur geeignet. Es handelt sich um gepreßte Volldünger, die über einen längeren Zeitraum wirken. Die Aufwandmenge ist von der Pflanzenart und der Gefäßgröße abhängig. Im Garten können sie bei Tomaten, Gurken und ähnlichen Gemüsearten verwendet werden.
Langzeitdünger. Die Nährstoffe werden langsam abgegeben. Gerade für die Gefäßkultur sind diese Dünger empfehlenswert. Bei entsprechender Auswahl muß oft nicht nachgedüngt werden. Die Wirkungsdauer reicht von etwa 2 bis zu 8 Monaten.

Das Pflanzen

Für den Kulturerfolg ist es mitentscheidend, daß ausschließlich gesunde kräftige Pflanzen mit gutem Wurzelballen gesetzt werden (s. Seite 14, 20). Der Wurzelballen muß feucht sein. Es hat sich auch bewährt, den Pflanzen einige Stunden oder am Tag zuvor eine Startdüngung zu geben. So haben sie einen Nährstoffvorrat, bis sie im Beet angewachsen sind. Das Pflanzbeet wird, wenn nötig, ebenfalls vorher bewässert. Mit Hilfe einer Pflanzschnur und des Reihenmarkierers werden die Reihen gezogen und die Pflanzabstände festgelegt.
Die Pflanzung erfolgt mit dem Setzholz oder der Pflanzschaufel (s. Abb. Seite 27). Ist der Boden sehr locker, benötigt man diese beiden Hilfen nicht und pflanzt mit den Händen, denn für viele Gärtner ist die Berührung der Erde noch immer ein besonderes Erlebnis. Nach Möglichkeit verwende man zum Pflanzen also keine Werkzeuge.

Pflanztiefe

Die Pflanztiefe hängt von der Gemüseart ab. Salat z. B. darf auf keinen Fall zu tief gesetzt werden. Die Oberkante des Wurzelballens schließt mit der Beetoberkante ab. Das Pflänzchen soll »umfallen« können. So ist eine rasche Entwicklung und gute Kopfbildung gewährleistet. Andernfalls wird die Kopfbildung verzögert und sogar verhindert. Tomaten und die meisten Kohlgemüse (Ausnahme Kohlrabi, Chinakohl) werden tiefer gepflanzt. So bekommen die Pflanzen mehr Halt. Zusätzliche Wurzelbildung an den Stammteilen ist ein weiterer Vorteil. Diese »Adventivwurzeln« nehmen zusätzlich Nährstoffe auf.

Pflanzzeit

Am günstigsten ist es, die Pflanzzeit in die kühleren Abendstunden zu verlegen. Die Pflanzen leiden dann am wenigsten. Häufig liest man die Empfehlung, nur an trüben Tagen zu pflanzen. Diese Tage kann man sich leider nicht immer aussuchen. Es muß oft im Sommer in Hitzeperioden gesetzt werden. Die ersten Tage nach der Pflanzung wird mit Vlies schattiert und öfter am Tag überbraust, bis die Pflanzen angewurzelt sind.
Nach der Pflanzung wird mit der Kanne oder dem Schlauch angegossen. Dabei darf der Boden nicht verschlämmen und auch die Pflanzen nicht aus der Erde gewaschen werden. Um dies zu erreichen, wird 2- bis 3mal in gewissen Abständen bewässert.

Bewässerung

Ein wichtiger Faktor für den Erfolg im Gemüsegarten ist die Bewässerung, denn richtiges Gießen ist gar nicht so einfach. Wir sollten uns ein Beispiel an einem schönen Landregen nehmen und weniger häufig, dafür aber durchdringend gießen. Wasser soll andererseits auch nicht auf den Beeten stehen bleiben, denn Verschlämmungen sind sofort die Folge. Humusarme Böden sind daher wesentlich empfindlicher als humusreiche.

Viereckregner und Sprühschläuche decken die Beetfläche gut ab. Bei Kreisregnern werden manche Stellen doppelt bewässert.

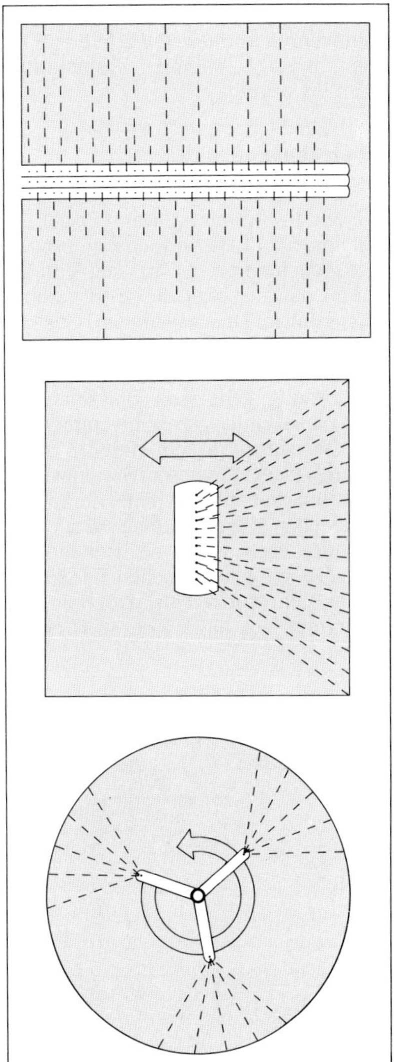

Bei einer Wassergabe sollen etwa 20 l/m^2 gegeben werden. Diese Menge reicht zur Durchfeuchtung des Wurzelraumes aus. Geringere Mengen bannen nur die »Staubgefahr«, den Pflanzen steht aber kaum Wasser zur Verfügung. Man versuche es einmal selbst und gieße nur einige Liter auf die trockene Erde. Dann kontrolliere man nach einiger Zeit die Eindringungstiefe des Wassers. Man wird überrascht sein.

Mit der Kanne ist das Gießen eine arbeits- und zeitaufwendige Tätigkeit. Einfacher geht es mit Schlauch und Brause. Am bequemsten sind Regner, Sprinkler oder Tröpfchenbewässerung. Wenn mit Kanne, Schlauch oder Regnersystemen bewässert wird, sind die späten Nachmittags- bzw. Abendstunden vorzuziehen. Die Verdunstungsverluste sind wesentlich geringer. Auch Wind beschleunigt die Verdunstung sehr stark; dies sollte man beachten.

Sobald der Boden abgetrocknet ist, wird gehackt. Ist der Pflanzenbestand geschlossen, kann die Bodenbearbeitung unterbleiben.

Regner

Wir unterscheiden zwischen Kreis- und Viereckregnern. Für den Gemüsegarten sind Viereckregner vorzuziehen. Bei Kreisregnern kommt es zu Überschneidungen oder zu Trockenstellen. Dies führt immer zu Problemen. Ertragsminderung auf den Trockenstellen oder Wurzelschäden bei empfindlichen Kulturen treten auf (s. Abb. links).

Bei Viereckregnern kann die beregnete Fläche durch Einstellung genau bestimmt werden. Flächenleistung und

Tröpfchenbewässerungen können ober- oder unterirdisch verlegt werden. Im Boden entsteht eine sogenannte Wasserzwiebel. Dadurch werden auch entferntere Pflanzen mit Wasser versorgt.

Durchflußleistung sind bei den meisten Fabrikaten angegeben. So kann die gewünschte Wassermenge pro Zeiteinheit ausgebracht werden. Regner mit 100 bis 200 m^2 Flächenleistung sind für unseren Bedarf ausreichend. Die meisten Modelle sind Schwenkregner, die durch den Wasserdruck angetrieben werden. Die Beregnungsdauer kann in der Zwischenzeit durch Zeituhren oder Computer gesteuert werden, die auch bei den folgenden Systemen einsetzbar sind.

Sprinklersysteme

Diese Bewässerungssysteme, bestehend aus Rohren und Sprühköpfen, können zum Teil ober- und unterirdisch fest verlegt werden. Sprühköpfe gibt es in verschiedenen Ausführungen mit Sprühradien von 3 bis 3,5 m und Sprühwinkeln von 360, 180 und 90°. Somit können Beetflächen gut bewässert werden. Vom Wasserdruck ist es abhängig, wie viele Sprinkler gleichzeitig in Betrieb genommen werden können. Bei größeren Flächen müssen mehrere Rohrstränge montiert werden.

Tröpfchenbewässerung

Steter Tropfen höhlt den Stein, bringt manche in Stimmung, wenn er gut ist, gibt unseren Pflanzen auch die notwendige Feuchtigkeit. Schon seit einigen Jahren bewährt sich die Tröpfchenbewässerung im Obst-, Wein- und Gartenbau. Kein Wunder, daß sie auch immer mehr im Hausgarten Einzug hält. Die Anwendung geht vom Balkonkasten über den Gemüsegarten bis zum Zier- und Obstgarten (s. Abb. unten).
Anfangs mag man diesem System etwas skeptisch gegenüberstehen. Nur an den Tropfstellen, die etwa 30 bis 60 cm auseinanderliegen, ist an der Bodenoberfläche Feuchtigkeit zu sehen. Die übrige Fläche sieht trocken aus. Doch im Boden breitet sich das Wasser in Form ei-

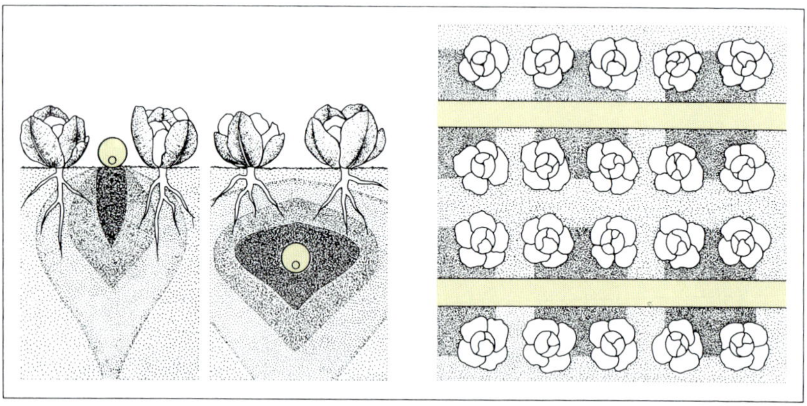

Balkonkästen können an eine Bewässerungsautomatik angeschlossen werden, wie dieses Modell zeigt.

ner Zwiebel aus und gewährleistet so eine gleichmäßige Wasserverteilung und damit auch eine gute Versorgung der Pflanzen.
Die Schläuche werden im Freiland mit einem Abstand von 60 bis 80 cm verlegt. Unter Glas oder Folie verringert man die Abstände um etwa 20 cm. Wegen des stärkeren Wachstums und der höheren Bodentemperaturen ist der Wasserbedarf größer. Durch die spezielle Konstruktion der Schläuche oder Tropfer ist die Wasserverteilung gleichmäßig. Auch in Hanglagen haben sich diese Systeme bewährt. Ab einer gewissen Länge des Tropfschlauches müssen in diesem Bereich noch Zusatzteile eingebaut werden, die einen Druckausgleich herstellen.
Mit der Tröpfchenbewässerung kann der Wasserverbrauch um etwa 60 % verringert werden. Wenn man 100 m^2 konventionell mit 20 l/m^2 bewässert, so sind dies immerhin 2000 l. Mit der Tröpfchenbewässerung sind es nur mehr etwa 800 l. Das Wasser kommt wirklich dorthin, wo es benötigt wird, und die Oberflächenverdunstung ist stark herabgesetzt.
Die Schläuche sind sehr haltbar und können auch über Winter im Garten verbleiben. Manche Systeme werden auch unterirdisch verlegt. Hier geht man knapp unter die Bearbeitungstiefe, um Beschädigungen zu vermeiden.
Eine Düngerlösung kann in die Tröpfchenbewässerung ebenfalls eingespeist werden. Dies ist als weiterer Vorteil anzusehen.
Nach der Saat oder Pflanzung muß aber zunächst in üblicher Weise bewässert werden. Haben die Pflanzen ein entsprechendes Wurzelsystem entwickelt, steigt man auf die Tröpfchenbewässerung um.
Die Tröpfchenbewässerung eignet sich besonders gut zur Automatisierung. Durch Steuerung über einen Feuchtefühler wird die richtige Menge Wasser zum richtigen Zeitpunkt gegeben. Da Gemüse zu einem hohen Prozentsatz aus Wasser besteht, erzielt man durch die Automatisierung auch gute Ernteerfolge.

Unkraut

Viele unserer Kulturpflanzen sind aus »Unkräutern« entstanden. Zum Teil werden »Unkräuter« auch heute wieder zur Ernährung verwendet. Der Löwenzahn zählt beispielsweise dazu und wird auf Seite 76 beschrieben. Vor Jahrzehnten wurden auch Gänseblümchen als Gemüse geerntet. Unkräuter sind außerdem »Zeigerpflanzen« und an bestimmte Bodenarten gebunden. So zeigt z.B. das Gänseblümchen mageren Boden an, während die Vogelmiere auf einen hohen Nährstoffgehalt hinweist.
Unkraut erscheint leider immer wieder und muß regelmäßig entfernt werden. Dies geschieht gleichzeitig mit der Bo-

denlockerung. Dabei soll der Boden nur ganz flach bearbeitet werden, um Unkrautsamen nicht in die oberen Bodenschichten zu bringen, in denen wieder die Keimung erfolgt. Samenunkräuter sollen vor der Blüte bekämpft werden. Blühende Unkräuter bilden auch nach dem Hacken und Jäten noch Samen aus. Deshalb unterläßt man auch die Kompostierung blühender Pflanzen.

Wurzelunkräuter sind wesentlich schwieriger zu bekämpfen. Verbleiben auch nur kleine Wurzel- oder Ausläuferstücke im Boden, geht die Verbreitung rasch weiter. Manche Unkräuter, z. B. Disteln, dringen sehr tief in den Boden ein. Selbst ein Ausstechen führt nicht zum Ziel. Hier hilft nur eine regelmäßige Schwächung der Pflanzen durch konsequentes Abhacken und Ausstechen. Der Einsatz von Unkrautbekämpfungsmitteln (Herbiziden) im Garten sollte vermieden werden.

Unkrautwuchs kann außerdem durch Mulchen mit organischen Abfällen (Rasenschnitt) oder den Einsatz von Mulchfolien (s. Seite 35) unterdrückt werden.

Die Arbeit der Unkrautbekämpfung bringt uns aber auch die Pflanzen näher. Oft kann man bei dieser Gelegenheit den interessanten Aufbau von Blüten sehen, der sonst kaum gewürdigt wird, oder die Tätigkeit von Insekten beobachten.

Pflanzenschutz

Wenn Pflanzen von Krankheiten und Schädlingen befallen werden, hat das sehr oft seine Ursache in Kulturfehlern. Richtige Düngung, Einhaltung des Pflanz- und Säzeitpunktes, des Pflanzabstandes und richtige Bewässerung sind vorbeugende Pflanzenschutzmaßnahmen. Richtig ernährte Pflanzen sind wesentlich widerstandsfähiger. Man kann dies ja auch bei Mensch und Tier feststellen.

Wärmebedürftige Kulturen werden aus Übereifer häufig zu früh gesät oder gepflanzt. Sind die Bodentemperaturen zu niedrig, erfolgen Keimung und Entwicklung zu zögernd. Pilze haben so leicht die Möglichkeit, den Keimling zu befallen. Gepflanztes Gemüse leidet ebenfalls. Wurzelkrankheiten, meist an welken oder gelben Blättern erkennbar, treten auf. Bleiben diese ungünstigen Bedingungen über einen längeren Zeitraum erhalten, kann es zum Absterben der Pflanzen kommen.

Sehr häufig sind Unkräuter Wirtspflanzen für Krankheiten und Schädlinge. Auch aus diesem Grund darf die Unkrautbekämpfung nicht vernachlässigt werden.

Chemische Bekämpfung

Reichen vorbeugende Maßnahmen zur Gesunderhaltung der Pflanzen nicht aus, können Pflanzenschutzmittel eingesetzt werden. Man unterscheidet mehrere Gruppen, z. B. Insektizide (Insektenbekämpfungsmittel), Fungizide (Pilzbekämpfungsmittel), Akarizide (Milbenbekämpfungsmittel).

Es muß grundsätzlich darauf geachtet werden, daß die Mittel für Mensch und Tier (Bienen!) ungefährlich sind. Die angegebenen Konzentrationen bzw. Vorsichtsmaßnahmen sind genau ein-

zuhalten. Die Ausbringung erfolgt in den Morgen- oder Abendstunden, wenn die Temperaturen nicht zu hoch sind. Sonst können Pflanzenschäden oder eine schlechte Wirkung des Mittels die Folgen sein. Bei Wind unterläßt man die Spritzungen, da die Abdrift zu groß ist. Pflanzenschutzgeräte sind anschließend sofort zu reinigen. Die angegebenen Wartezeiten von der Behandlung bis zur Ernte müssen unbedingt eingehalten werden.
Im Grunde ist es nicht notwendig, umgehend Bekämpfungsmaßnahmen durchzuführen, sobald sich einige wenige Schädlinge zeigen. Sie sind tolerierbar.
Erst bei stärkerem Auftreten werden Maßnahmen ergriffen. Abgesehen davon, daß man auf chemische, vor allem giftige Pflanzenschutzmittel im Hausgarten verzichten sollte, lasse man sich vor dem Verwenden der Präparate ausführlich beraten.

Biologische Bekämpfung

Die biologische Bekämpfung, so behaupten manche, sei etwas für Leute mit guten Nerven. Diese Bekämpfungsverfahren beruhen in erster Linie auf einer Förderung nützlicher Tiere (Nützlinge) wie Singvögel, Marienkäfer und ihre Larven, Florfliegen, Schlupfwespen u.a. Bestimmte Schadinsekten können durch diese Nützlinge erheblich eingedämmt werden. Um die Entwicklung der Nützlinge abwarten zu können, braucht man eben gute Nerven. Es dauert meist einige Zeit, bis sich eine entsprechende Anzahl von Nützlingen entwickelt hat, die in der Lage sind, die Schädlinge unter der Schadensschwelle zu halten.
Zum anderen sind auch biologische Pflanzenschutzmittel zum Spritzen, Gießen und Stäuben erhältlich. Zur Bekämpfung werden auch Jauchen aus Kräutern hergestellt, die aber in erster Linie die Aufgabe haben, die Pflanzen zu stärken. Sie werden schon vor dem ersten Befall regelmäßig angewendet. Gleichzeitig müssen auch die Kulturbedingungen durch geeignete Maßnahmen verbessert werden.
Gegen manche Schädlinge sind Lockmittel einsetzbar. Gegen Weiße Fliege z.B. lassen sich unter Glas und Folie Gelbtafeln einsetzen. Die Gelbtafeln werden auch zur Bekämpfung der Kirschfruchtfliege verwendet. Hier ist eine Doppelnutzung möglich. Zuerst werden sie in den Kirschbaum gehängt, nach der Rotfärbung der Kirschen kann man sie im Gewächshaus bei Tomaten, Eierfrucht und Gurken einsetzen, die gerne von Weißer Fliege heimgesucht werden. Darüber hinaus sind versuchsweise Duftstoffe zur gezielten Bekämpfung von Schmetterlingsarten im Einsatz. Deren Raupen verursachen schwere Schäden und sind oft schwer bekämpfbar.
Schnecken lassen sich mit Bier gefüllten Lockfallen einfangen. Seit kurzem ist auch ein Lockmittel im Handel erhältlich. Es handelt sich um eine geleeartige Substanz, die Alkohol und Pflanzenextrakte enthält und in kleine Erdgruben gefüllt wird. Die angelockten Schnecken versinken in dieser Substanz, die übrigens regenfest ist. Nach einigen Tagen werden die Löcher wieder mit Erde gefüllt.

Übliche Pflegemaßnahmen

Bodenpflege

Schon kurz nach der Aussaat muß mit der Bodenlockerung begonnen werden. Schwerer oder humusarmer Boden verkrustet leicht. Schlechte Wasseraufnahme und Luftaustausch sind die Folge. Durch Risse in der Bodenoberfläche wird die Verdunstung erheblich gefördert. Durch flaches Hacken, 2 bis 3 cm tief, werden diese ungünstigen Bedingungen behoben. Auch wenn die Saat noch nicht aufgelaufen ist, soll schon gehackt werden. Langsam keimendes Saatgut wird mit Markiersaat versehen. So erkennt man schon nach kurzer Zeit die Reihen.

Anhäufeln

Durch Anhäufeln erhalten die Pflanzen eine bessere Standfestigkeit. Gleichzeitig wird die Adventivwurzelbildung ermöglicht. Bei einigen Gemüsearten dient das Anhäufeln zur Bleichung, z. B. bei Lauch und Bleichsellerie.

Bodenabdeckung

Speziell bei langer Kulturzeit ist eine Bodenabdeckung sinnvoll. Wasserbedürftige Pflanzen sind dafür besonders dankbar. Die Verdunstung wird vermindert und es kommt zu keiner Bodenverkrustung. Die Bodenbearbeitung entfällt daher.
Zur Abdeckung werden Kompost, Pflanzenrückstände, Torf, Rindenhumus oder schwarze Plastikfolie (Mulchfolie) verwendet.
Weitere Vorteile einer Bodenbedeckung sind gleichmäßige Bodentemperatur, Wasserspeicherung, Steigerung des Bodenlebens, Unterdrückung des Unkrauts, ein krümeliger Boden.

Düngung

Wir unterscheiden verschiedene Düngungsverfahren. Bei der Grunddüngung wird der Dünger vor der Saat oder Pflanzung ausgebracht und eingearbeitet. Dabei werden organische oder mineralische Dünger verwendet. Bei einigen Kulturen ist die Grunddüngung über die gesamte Kulturzeit hinweg ausreichend.
Die Kopfdüngung erfolgt bei der stehenden Kultur. Der Dünger wird ausgestreut und leicht eingearbeitet. Anschließend wird bewässert.
Die andere Möglichkeit ist, den Dünger durch Gießen oder Bewässerungssysteme flüssig auszubringen. Dazu verwendet man vollwasserlösliche Mineraldünger oder Flüssigdünger.
Für die Blattdüngung sind flüssige und vollwasserlösliche Dünger geeignet. Eine Blattdüngung erfolgt oft in Verbindung mit Pflanzenschutzmaßnahmen. Der Dünger wird entweder durch Begießen oder Spritzen der grünen Pflanzenteile ausgebracht.
Von einer Startdüngung spricht man, wenn Jungpflanzen einige Stunden oder am Tag vor dem Auspflanzen mit einer Düngelösung angegossen werden. Die Pflanzen wachsen dadurch zügig weiter.
Besondere Pflegemaßnahmen werden bei den einzelnen Kulturbeschreibungen angegeben.

Kulturhilfen

Zu den Kulturhilfen im Hausgarten zählen, neben Frühbeet und Kleingewächshaus, heute in erster Linie die Folien. Durch ihren Einsatz ist eine kostengünstige und wirksame Ernteverfrühung möglich. Man verwendet meist Polyethylenfolien (PE-Folien). Neben den Folien sind noch Vliese im Einsatz. Bei der Folienanwendung unterscheidet man zwischen Mulchfolien, Flachfolien und Folientunnel. Zu den Folientunnels zählen begehbare Tunnel und Niedrigtunnel.

Folien und Vliese

Mulchfolie

Die Mulchfolie ist schwarz eingefärbt und zumeist mit 1 m Breite im Handel. Es gibt gelochte und ungelochte Mulchfolien, die auch als Anti-Unkrautfolien bezeichnet werden. Der Vorteil gelochter Folien besteht in der Bewässerungs- und Düngungsmöglichkeit. Leider kommen durch die Löcher immer wieder Unkräuter durch.

Unter der Mulchfolie erwärmt sich der Boden sehr rasch. Deshalb werden Mulchfolien bei wärmeliebenden Kulturen, z. B. Gurken und Melonen, verwendet. Hier fühlen sich die Pflanzenwurzeln natürlich sehr wohl. Die Bodenerwärmung ist auch der Hauptgrund für die Verfrühung und die Ertragssteigerung. Leider fühlen sich auch Schädlinge darunter wie zu Hause. Ameisen und Maulwurfsgrillen können vermehrt auftreten.

Dem Beet wird für die Mulchfolienablage eine leichte Hügelform gegeben. Die Folie wird straff darüber gespannt, an den Rändern mit Erde beschwert oder mit Kunststoffheringen festgehalten. Dann kann gesät und gepflanzt werden. Man sticht entweder mit der Pflanzschaufel ein Loch in die Folie oder macht mit dem Messer Kreuzschnitte. Während Mulchfolien früher aus-

Mulchfolien erhöhen den Kulturerfolg bei wärmeliebenden Pflanzen. Hier die Kürbissorte 'Riesenmelone'.

Niedrige Folientunnel sind für die Verfrühung zahlreicher Gemüse geeignet. Gute Lüftbarkeit sorgt für Qualitätsverbesserung.

schließlich im Freiland verwendet wurden, werden sie heute in zunehmendem Maße auch im Gewächshaus eingesetzt. Es läßt sich, vor allem im ungeheizten Haus, noch eine weitere Verfrühung der Ernte erreichen.
Bei ungelochter Mulchfolie wird vor dem Auflegen eine erhöhte Grunddüngung eingearbeitet. Eine Nachdüngung ist nur schwer möglich.
Mulchfolie kann bei sorgfältiger Behandlung zweimal verwendet werden.

Flachfolie

Wie bei der Mulchfolie sind auch bei Flachfolien gelochte und ungelochte im Einsatz. Die Lochzahl liegt bei etwa $800/m^2$ (s. Abb. Seite 37).
Die Folie wird locker über die Pflanzen gelegt. Bei Wind darf die Folie nicht stark schlagen, da es sonst Schäden an den Pflanzen gibt. Ungelochte Folie kann etwa 3 Wochen auf den Pflanzen verbleiben, gelochte etwa doppelt so lang. Die Folienabnahme soll nach Möglichkeit nicht bei voller Sonne erfolgen. Die Flachfolie dient nicht nur zur Verfrühung, sondern kann im Herbst auch noch zum Schutz von Kulturen zum Einsatz kommen.
Die Flachfolie kann einige Male eingesetzt werden. Wenn sie nicht in Verwendung ist, wird sie vor Sonne geschützt aufbewahrt. UV-Strahlen zersetzen die Folie.

Schlitzfolie

Die auch als »mitwachsende« Folie bezeichnete Schlitzfolie hat etwa 30 000 $Schlitze/m^2$. Beim Auslegen sind die Schlitze zunächst geschlossen, so daß es unter der Folie zu einer Erwärmung kommen kann. Mit fortschreitendem Wachstum der Pflanzen wird die Folie gedehnt und die Schlitze öffnen sich. In der Folge entstehen durch den Luftaustausch günstige Wachstumsbedingungen. Bei Salat kann die Folie bis zur Ernte verbleiben.
Flach- und Schlitzfolien können auch bei Saatgemüse erfolgreich eingesetzt werden.

Folientunnel

Die niedrigen Folientunnel bestehen meist aus UV-stabilisierter Folie, deren Haltbarkeit bei ungefähr 3 Jahren liegt. Folientunnel sind lüftbar. Das Klima kann dem Wachstum besser angepaßt werden als unter Flachfolie. Doppelfolientunnel bieten einen guten Kälteschutz.
Manche Fabrikate bestehen auch aus einer Lochfolie. Lüften von Hand kann hier unterbleiben. Durch die Lochung erfolgt ein Luftaustausch und auch Regenwasser kann eindringen. Der Niedrigtunnel wird ebenfalls im Herbst verwendet, um Kulturen zur Ernte zu bringen (s. Abb. oben).

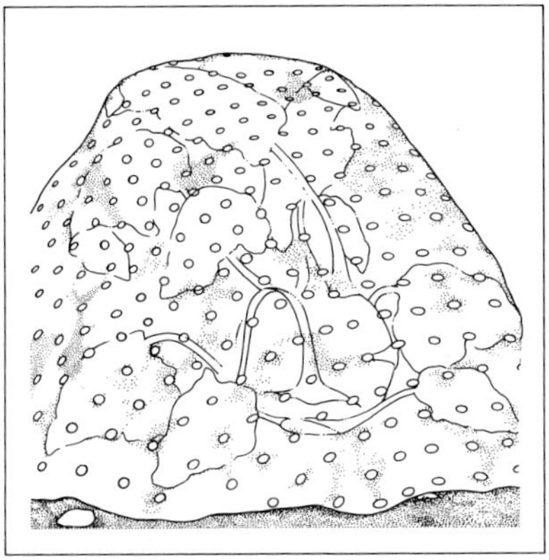

Unter gelochter Folie entsteht günstiges Wachstumsklima.

Folienhäuser

Begehbare Folienhäuser sind zwar im Handel erhältlich, können aber mit etwas Geschick auch selbst gebaut werden (s. Abb. Seite 38).
Beim Selbstbau verwendet man Holz, Metallrohre oder Federstahlstäbe. Die Mindestgröße liegt bei 15 m^2 (5×3 m). Auf dieser Fläche kann schon erfolgreich kultiviert werden und auch die Bewegungsfreiheit ist entsprechend gut. Kleinere Flächen scheinen nicht so sinnvoll. Auch die Brieftasche wird hierbei nicht allzu sehr strapaziert.
Die Bespannung erfolgt mit einer 0,2 mm starken UV-stabilisierten Folie. Sie muß straff erfolgen, um die Bildung von Wassersäcken zu vermeiden. Zur Spannung wird die Folie an den Seiten eingegraben. Zusätzliches Niederspannen mit Schnüren verhindert Windschäden.
Auf gute Lüftungsmöglichkeiten muß geachtet werden. Bei zu hohen Temperaturen werden die Pflanzen in der Entwicklung gestört. Wenn man sich selbst noch wohl fühlt, dann ist das Klima auch für die Pflanzen passend.
Andererseits sinken die Temperaturen unter der Folie stärker ab. Demnach dürfen empfindliche Kulturen nicht zu früh gesät oder gepflanzt werden. Zu den kälteempfindlichen Kulturen zählen z. B. Tomaten, Eierfrucht, Gurken und Paprika. Wenn keine Heizungsmöglichkeit besteht, dürfen diese Kulturen erst ab Mitte Mai gepflanzt werden, da die Folien keinen Frostschutz bieten. Wer gerne ein bißchen riskiert, schützt früh gepflanztes Gemüse über Nacht mit Zeitungspapier oder Vlies.
Aber auch ohne Heizung kann das Folienhaus ganzjährig genutzt werden. Wie und mit welchen Kulturen eine ganzjährige Nutzung möglich ist, zeigt die Übersicht auf Seite 38.
Die Kulturfolgen können natürlich abgeändert oder erweitert werden.
Da der Boden im Folienhaus besonders stark erwärmt wird, sollte unbedingt abgedeckt werden. Dazu wird Grasmulch, Torf oder Rindenhumus verwendet. Da auch der Humusabbau rascher erfolgt, muß alle 2 bis 3 Jahre Stallmist, Kompost oder ähnliche organische Substanz eingebracht werden.
Im Frühjahr hat sich das zusätzliche Abdecken der Pflanzen mit Lochfolie oder Vlies bewährt. Die Abdeckung bietet einen noch besseren Kälteschutz und eine weitere leichte Ernteverfrühung. Vlies ist für diesen Zweck der Folie vorzuziehen. Auch im Winter schützt man die Pflanzen im Folienhaus bei extremer Kälte sehr gut mit Hilfe der Vliesabdeckung. Erfahrungen aus dem letzten strengen Winter 84/85 haben gezeigt, daß Endivien mit Vlies abgedeckt, Temperaturen bis – 10 °C überstanden hat.
Natürlich können Folienhäuser mit entsprechenden Heizgeräten frostfrei gehalten werden. So sind noch frühere

Kultur	Saat	Pflanzung	Ernte
Salat	A Januar	E Februar	E April
Schnittsalat	E Februar		A–M April
Kohlrabi	E Dezember	E Februar	M Mai
Radies	E Februar		A April
Kresse	E Februar Folgesaaten		M–E März
Tomaten	A–M März	A Mai	M Juli
Gurken	M April	M Mai	M Juni
Paprika	A März	M Mai	E Juni
Eierfrucht	M März	A Mai	A Juli
Feldsalat	M September		E November
Spinat	E September		Februar–März

A = Anfang, M = Mitte, E = Ende

Pflanztermine möglich. Zur Frostfreihaltung in der Übergangszeit bietet sich eine »Solarheizung« an.
Schwarze, mit Wasser gefüllte PE-Schläuche liegen zwischen den Pflanzen auf den Beeten und nehmen tagsüber die Sonnenenergie auf. Die gespeicherte Wärme wird über Nacht langsam wieder abgegeben. Da die Schläuche jedoch eng beisammenliegen, ist die Bodenbearbeitung dadurch erschwert.

Links: In Folienhäusern läßt sich das ganze Jahr über kultivieren. Der Platz kann dabei vorteilhaft ausgenützt werden. Auf kleinen Flächen werden hohe Erträge erzielt.

Unten: Frühbeete zählen auch heute noch immer zur Standardausrüstung des Hobbygartens. Für die Anzucht und Verfrühung sind Frühbeete sehr wertvoll.

Vliese

Vlies ist ein Gewebe aus Kunstfasern und seit mehreren Jahren im Erwerbsgartenbau im Einsatz. Es ist sehr leicht und wiegt nur 17 bis 20 g/m^2. Durch Wind werden kaum Schlagschäden an den bedeckten Pflanzen verursacht. Der Luftaustausch ist besser als bei Lochfolien, ebenso die Wasserdurchlässigkeit. Bei Frost bildet das Kondenswasser zwischen den Fasern eine Eisschicht, die eine Wärmeabstrahlung verhindert. Der Kälteschutz ist daher ebenfalls besser als bei Folien.
Als Ergänzung zur Flachabdeckung werden noch »Klimahauben« angeboten. Damit können Kulturen wie Tomaten, Paprika und andere hochwachsende, wärmeliebende Pflanzen geschützt werden.

Frühbeet

Das Frühbeet wurde vor Jahren schlicht und einfach Mistbeet genannt. Die durch den Mist im Untergrund entstehende Wärme macht es möglich, daß Gemüse frühzeitig im Jahr angebaut werden kann.
Die Maße für Frühbeete, wie sie auch im Erwerbsgartenbau verwendet werden, richten sich nach der Größe der Frühbeetfenster und dem Platz im Garten. Die Beetbreite beträgt in der Regel 1,50 m. Daraus ergeben sich Fenstermaße von 80 × 150 und 100 × 150 cm. Diese beiden Maße sind am häufigsten in Gebrauch. Fenster mit Rahmen aus Holz, verzinktem Eisen oder Aluminium sind im Fachhandel erhältlich.

Manche Frühbeetfenster haben heute Doppelscheiben aus Glas oder Kunststoff (s. Abb. oben).
Im übrigen gibt es auf dem Markt für Gartenzubehör eine ganze Reihe von Frühbeettypen, die speziell auf den Haus- und Kleingarten zugeschnitten sind. Beispielsweise werden Frühbeete angeboten, die etwa 90 cm breit sind. Das Frühbeetfenster besteht aus Stegdoppelplatten in Aluprofilen. Diese Typen können jederzeit im Baukastensystem verlängert werden.
Der Bastler kann sich sein Frühbeet auch ohne allzu großen Aufwand selbst bauen. Dazu wird ein schlichter Holzrahmen mit 0,2 mm starker PE-Folie bespannt. Eine mögliche Doppelbespannung bringt zwar Lichtverluste, andererseits aber eine gute Wärmedämmung.
Auch Noppenfolie kann zur Bespannung verwendet werden.

Packen mit Stallmist

Wer sich Stallmist beschaffen kann, sollte es mit dem alten Verfahren des Mistbeetpackens wieder einmal versuchen. Man verwendet am besten Pferdemist, weil sich der am raschesten erwärmt. Etwa Mitte Februar wird mit dem Packen des Mistbeets begonnen. Die Höhe der Packung liegt bei etwa 40 cm. Der Mist wird mit warmem Wasser angegossen, um die Erwärmung zu fördern. Er wird fest angetreten. Anschließend wird der Kasten mit den Fenstern abgedeckt. Etwa 5 Tage muß abgewartet werden, bis die Ammoniakdämpfe entwichen sind. Danach wird die Deckerde aufgebracht. Zwischen Erde und Glas sollen mindestens 30 cm Abstand sein.
Mit Rindermist gepackte Kästen werden 2 Wochen später vorbereitet. Durch die langsamere Erwärmung ist dies notwendig. Sonst wird gleich wie bei Pferdemist vorgegangen.

Stallmistersatz

Da Stallmist nicht immer in den benötigten Mengen erhältlich ist, können auch Ersatzmaterialien verwendet werden. Manche mögen natürlich auch aus anderen Gründen nicht mit Stallmist arbeiten.
Ein Ersatz ist Stroh. 100 kg Stroh werden mit Wasser durchtränkt. Anschließend werden 3 kg Kalkstickstoff, 4 kg Patentkali und 3 kg Superphosphat darübergestreut. Danach wird das Stroh festgetreten. Wenn etwa 20 ° C erreicht sind, wird noch einmal festgetreten und die Deckerde aufgebracht. Danach können Aussaaten und Pflanzungen vorgenommen werden.

Erwärmung ohne Packung

Wer die Arbeit des Packens nicht auf sich nehmen möchte, kann trotzdem gute Erfolge erzielen, wenn es auch etwas länger dauert. Die Bodenerwärmung erfolgt nach dem Auflegen der Fenster durch die Sonneneinstrahlung. Durch die Funktion der Erde als Wärmespeicher sinkt die Temperatur nicht so stark ab. In der Nacht wird das Frühbeet mit Noppenfolie abgedeckt, um den Wärmeverlust weiter zu vermindern. Die Speicherwirkung der Erde verringert sich, wenn die Pflanzen den Boden abdecken.

Lüften

Bei der Kultur im Frühbeet ist auf rechtzeitiges Lüften zu achten. Es gibt inzwischen jedoch Lüftungseinrichtungen, die auf Erwärmung reagieren und die Fenster automatisch öffnen. Dies empfiehlt sich in Gärten, die nicht unmittelbar beim Haus oder bei der Wohnung liegen. Auch für Berufstätige gibt es Sicherheit, denn die Witterung im Frühjahr schlägt oft rasch um. So kann man sich auf die Automatik verlassen und muß nicht immer bangen, ob es den Pflanzen zu kalt oder zu warm ist.

Kulturen

Im Frühbeet werden im wesentlichen Salat, Kohlrabi, Rettich und Radieschen angebaut. Auch Frühkarotten sind eine lohnende Kultur. Im Sommer nutzt

man das Frühbeet mit Tomaten, Gurken, Paprika o. ä. Mit diesen Gemüsearten erzielt man in gepackten Kästen besonders gute Erfolge. Die Sommerkulturen werden die erste Zeit ebenfalls mit den Fenstern abgedeckt, um das Wachstum zu beschleunigen. Es lohnt sich, auch in Jahren mit ungünstiger Witterung ein Foliendach über dem Kasten zu errichten. Die Höhe richtet sich nach der Kultur. Die Seiten bleiben frei, dadurch ist auch bei hohen Temperaturen die Lüftung sehr gut.
Im Herbst wird noch einmal Salat oder Endivien gepflanzt bzw. Spinat und Feldsalat gesät. Zum besseren Kälteschutz werden die Fenster mit Strohmatten oder Noppenfolie abgedeckt.

Kleingewächshaus

Der Traum eines jeden Heimgärtners ist noch immer ein eigenes Kleingewächshaus. Das Angebot auf diesem Sektor ist in der Zwischenzeit sehr groß geworden und die Auswahl fällt entsprechend schwer. Es ist schon bald wie beim Autokauf. Typ, Größe und Ausstattung sollten genau überlegt werden. Mit allen Arten von Kleingewächshäusern kann man gute Erfolge erzielen. Letzten Endes ist nicht das Gewächshaus entscheidend, sondern der Gärtner.
Wer sein Gewächshaus für den Gemüseanbau nutzen will, sollte gleich zu größeren Typen greifen. Gerade beim Gemüseanbau wird mehr Platz benötigt. Außerdem soll ja noch Raum für Experimente bleiben.
Die Konstruktionen bestehen meist aus Aluminium und sind nicht selten in mehreren Farben erhältlich. Die Eindeckung kann mit verschiedenen Materialien erfolgen. Für Balkon und Terrasse sind Anlehnkonstruktionen besonders geeignet.

Glas

Glas ist das traditionelle Material zur Gewächshauseindeckung. Unterschieden werden Blankglas (Fensterglas) und Klarglas. Klarglas hat eine genörpelte Oberfläche. Dadurch ergibt sich eine leichte Streuung des Lichts.
Für Gewächshäuser mit Winternutzung ist eine Doppelverglasung oder die Verwendung von Isolierglas günstig. Diese Eindeckungen sind zwar teuer, senken aber den Energieaufwand wesentlich. Ein geringer Lichtverlust muß in Kauf genommen werden.

Stegdoppelplatten

Diese Platten werden aus Acrylglas (Plexiglas) hergestellt und in den Stärken 8 und 16 mm geliefert. Durch den Hohlraum zwischen den Stegen ergeben sich gute Wärmedämmwerte. Die Lichtdurchlässigkeit ist etwas geringer als bei Glas.

Thermoclear-Platten

Im Prinzip entsprechen Thermoclear-Platten den Stegdoppelplatten. Sie werden aus Polycarbonat hergestellt und mit Acryl beschichtet. Die Stärken liegen zwischen 4 und 12 mm.
Die Platten lassen sich sehr gut mit der Handkreissäge bearbeiten. Für Hobbyhandwerker ein guter Werkstoff. Trotz

Anlehngewächshäuser bieten gute Kulturmöglichkeiten bei niedrigem Energiebedarf.

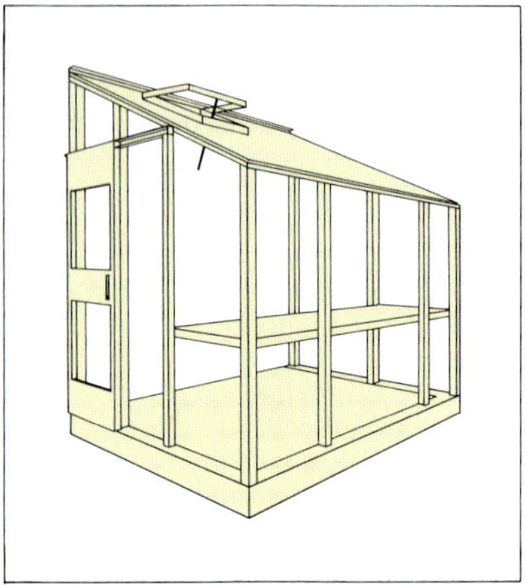

der leichten Bearbeitbarkeit sind sie sehr schlag- und hagelfest.

Isolierung

Bei Einfachverglasung wünscht man sich oft eine bessere Isolierung. Dazu ist Noppenfolie (Luftpolsterfolie) gut geeignet. Sie wird mit eigenen Elementen an der Stehwand befestigt. Das Dach bleibt frei, um den Kulturen genügend Licht zu bieten. Von den Herstellern wird eine Garantiezeit von 1000 Sonnenstunden gegeben.

Lüftung, Heizung

Bei der Auswahl der Gewächshäuser ist besonders auf gute Lüftbarkeit zu achten. Automatische Einrichtungen sind aber auch hier vorhanden.
Zur Beheizung sind thermostatisch geregelte Lufterhitzer erprobt und bewährt. Bei Anlehngewächshäusern rentiert sich auch der Anschluß an die Zentralheizung. Radiatoren sind Heizrohren vorzuziehen, da sie eine größere Heizfläche haben.
Bei geringem Wärmebedarf kann auch eine Vegetationsheizung verlegt werden. Warmwasser von 40 bis 50° C wird durch am Boden liegende Kunststoffschläuche geführt. Der Boden und auch die Luft direkt im Pflanzenbestand werden erwärmt. Die Schläuche werden in Schlingen im Abstand von 50 bis 60 cm verlegt. Zur raschen Wasserumwälzung wird eine Pumpe benötigt. Bei einem gut isolierten Gewächshaus kann auch bei Minusgraden der Innenraum frostfrei gehalten werden.
Für die Übergangszeit eignet sich die Solarheizung am besten (s. Seite 38).

Kulturplanung

Für unbeheizte Gewächshäuser können die Kulturfolgen des Folienhauses übernommen werden (s. Seite 38).
Im beheizten Gewächshaus lassen sich die Sä- und Pflanztermine vorverlegen, aber auch weiter in den Herbst verschieben. Dabei spielt natürlich der zu erwartende Energieverbrauch eine entscheidende Rolle. Deshalb wird man diese Termine meist nur um 2 bis 3 Wochen verlegen.
Hauptkulturen für das Frühjahr sind Salat, Radies und Rettich. Bei beheizten Gewächshäusern erfolgt die Pflanzung bzw. Aussaat ab Anfang Februar. Temperaturen zwischen 5 und 8° C sind ausreichend, ab 15° C wird gelüftet.
Die Ernte von Salat beginnt je nach Sorte ab Mitte April und endet etwa Mitte

Mai. Bei Radies beginnt sie bereits Ende März und bei Rettich Ende April.
Für den »Sommerfahrplan« ergeben sich zahlreiche Möglichkeiten der Gewächshausnutzung. Ab Mitte April werden Tomaten, Gurken, Paprika, Okra, Eierfrucht u.a. gepflanzt. Diese Kulturen können entweder bis in den späten Herbst hinein stehenbleiben oder schon ab Ende August geräumt werden. Letzten Endes ist dies vom Ertrag, dem Gesundheitszustand der Pflanzen und von unserer Anbauplanung abhängig.
Ab Ende August werden die Herbstkulturen gesät oder gepflanzt. Zur Saat gelangen Feldsalat und Spinat. Gepflanzt werden Winterzwiebel, Salat, Endivien und Chinakohl.

Bewässerung

Der Bewässerung im Gewächshaus muß man großes Augenmerk schenken. Nur zu leicht übersieht man, gerade wenn man die ersten Erfahrungen mit der Glashauskultur sammelt, den richtigen Zeitpunkt. Feuchtefühler kombiniert mit einer Automatik können hier ihre Vorteile zur Geltung bringen. Vorzuziehen ist auf alle Fälle eine Tröpfchenbewässerung.

Hügelbeet und Mischkultur

Hügelbeet

In kleinen Gärten bzw. wenn man sich das Kompostieren ersparen möchte, ist die Anlage eines Hügelbeetes von Vorteil. Auch bei ungünstigen Bodenverhältnissen für den Gemüseanbau bietet diese Methode Abhilfe. Durch jährliche Anlage eines neuen Hügelbeetes an verschiedenen Plätzen kann der gesamte Gartenboden im Laufe der Zeit verbessert werden (s. Abb. Seite 45).
Das Beet wird nach Möglichkeit von Norden nach Süden ausgerichtet. So ergibt sich eine gleichmäßige Besonnung der Pflanzen. Auf Spatentiefe wird eine Mulde mit einer Breite von 1,40 bis 1,60 m ausgehoben. Die Erde wird am Rand deponiert. In der Mitte kommen grobe Gartenabfälle, z.B. Äste und Zweige, zu liegen. Darüber schichtet man Rasensoden, deren Rasenseite nach unten zeigt. Da ja nicht immer Rasensoden zur Verfügung stehen, kann als Ersatz Zeitungspapier verwendet werden. Illustrierte dürfen nicht genommen werden, da Schadstoffe mit eingebracht werden. Es folgen Laub und halbverrotteter Kompost. Anschließend wird die ausgehobene Erde mit reifem Kompost vermischt und das Hügelbeet damit abgedeckt. Jede dieser Schichten ist 20 bis 30 cm stark.
Im Hügelbeet beginnen, wie im Komposthaufen, Bodenlebewesen mit ihrer Tätigkeit. Die »Zutaten« werden zersetzt. Dabei erwärmt sich das Hügelbeet und beschleunigt dadurch das Pflanzenwachstum. Der Nährstoffgehalt des Komposts fördert es ebenfalls. Kürzere Kulturzeit und höhere Erträge in den ersten beiden Jahren sind die hervorstechenden Vorteile. Anschließend wird das Hügelbeet mit Erdbeeren bepflanzt. Diese bleiben 2 Jahre in Kultur. Danach ist das Beet fast auf normales Bodenniveau zusammengesunken.

Hochbeet

Ein ähnliches Konzept hat das Hochbeet. Aus Holz oder Beton wird eine 60 bis 80 cm hohe Umrandung errichtet. Das Beet wird etwa 1,40 m breit und 5 m lang angelegt (s. Abb. Seite 23). Der Aufbau erfolgt sinngemäß wie beim Hügelbeet. Die Gartenerde wird nach dem Absinken immer wieder nachgefüllt. Die Bodenbearbeitung kann beim Hochbeet bequem durchgeführt werden. Für ältere oder behinderte Gartenfreunde ist dies eine interessante Möglichkeit, doch im Garten tätig zu sein.

Mischkultur

Bei der Mischkultur soll das günstige Zusammenwirken verschiedener Gemüsearten und die bessere Flächenausnützung zu höheren Erträgen und gesünderen Pflanzen führen. Die günstige Beeinflussung soll durch Duftstoffe, Blatt- und Wurzelausscheidungen, Fruchtwechsel und verminderten Krankheits- und Schädlingsbefall gegeben sein.
Bezüglich der Mischkultur sind gute Kenntnisse über die Pflanzenentwicklung notwendig. Manchmal erleidet man auch mit den Angaben in der Literatur Schiffbruch. Auf alle Fälle sollte man zuerst Erfahrungen sammeln, be-

Fruchtgemüse und starkzehrende Gemüsearten fühlen sich auf dem Hügelbeet besonders wohl. Im 1. Jahr entwickeln sie sich am besten. Oben: Bepflanzungsvorschlag im 1. Jahr. Unten: Bepflanzungsvorschlag im 2. Jahr.

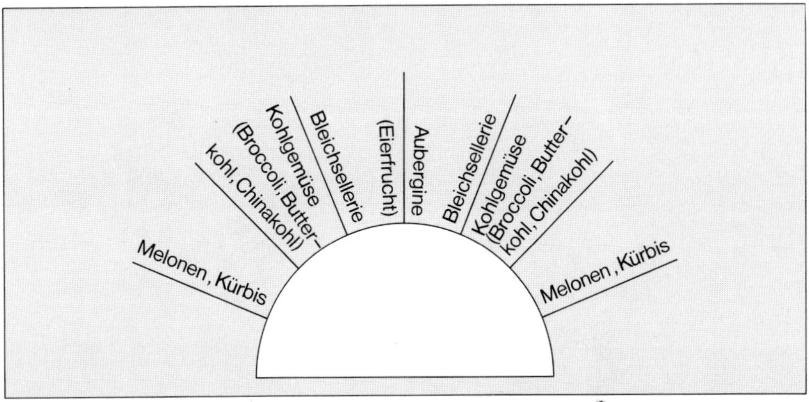

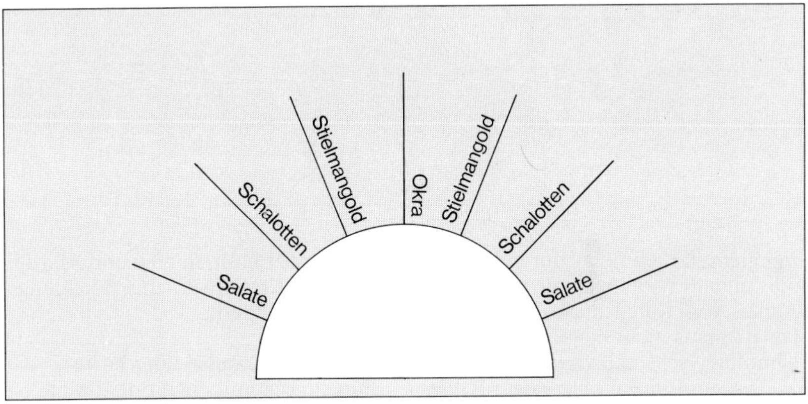

vor man ganz auf diese Kulturform umstellt (s. Abb. Seite 46, 47).
Die Mischkultur wird nicht beet- oder flächenweise betrieben, sondern in Reihen. Sobald eine Reihe abgeerntet ist, wird sie sofort mit einer neuen Kultur bestellt. Von manchen Betreibern der Mischkultur werden Mulchen oder Zwischensaat empfohlen. Somit ist der Boden während der gesamten Kulturzeit bedeckt.
Als Zwischensaat wird häufig Senf verwendet, da er rasch keimt und die Flächen bald deckt. Durch Senf, er stammt wie Kohlgemüse aus der Familie der Kreuzblütler (Cruciferae), kann es aber

Die Planung der Mischkulturen erfordert Erfahrung:

Bepflanzung mit Karotten und Zwiebeln, ab Juli Chinakohl und Salat.

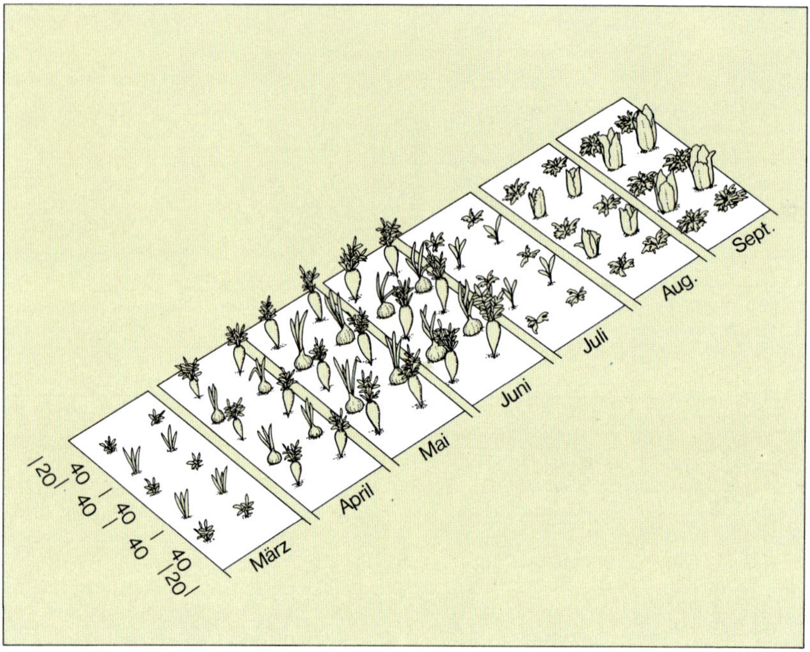

zu einem starken Befall durch Kohlhernie, einem Bodenpilz, kommen. Der Anbau von Kohlgemüse ist dann auf Jahre hinaus nicht möglich, da die Bekämpfung sehr schwierig ist. Fruchtwechsel und die Erhöhung des pH-Wertes auf 6,5 bis 7 bringen Teilerfolge.
Auf alle Fälle müssen der Anbau in Mischkultur sorgfältig geplant und auch die Anbautermine später genau eingehalten werden. Nachfolgend einige Beispiele für Gemüsearten, die gut miteinander harmonieren und zum Teil auch den Krankheits- und Schädlingsbefall vermindern:

Möhre und Zwiebel oder Porree,
Blumenkohl und Salat oder Spinat,
Kohlrabi und Salat oder Spinat,
Radieschen und Salat oder Spinat,
Buschbohne und Salat
Gurke und Salat oder Sellerie,
Erbse und Möhre
Tomaten und Kohlgemüse oder Sellerie.

Eine Variante der Mischkultur: Salat und Kohlrabi im Frühjahr. Ab Mitte Mai Tomaten und Sellerie. Im Anschluß kann noch Feldsalat gesät werden.

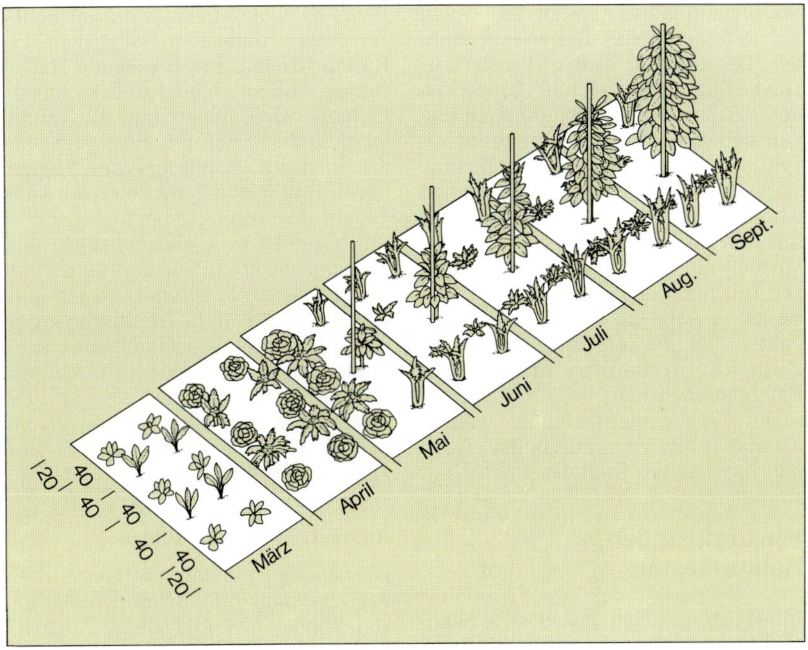

Gemüse im Haus, auf Balkon und Terrasse

Wer keinen Garten besitzt, muß nicht auf selbstgezogenes Gemüse verzichten. Gemüse läßt sich in Fensterkistchen, Pflanzgefäßen und Erdsäcken heranziehen. Einige Gemüsearten eignen sich sogar für die Hydrokultur.
Entscheidend für den Erfolg ist hier die Sortenwahl. Von den Saatgutfirmen werden Gemüsearten speziell für diesen Bereich angeboten.
Wurden die »Balkongärtner« vor einiger Zeit noch milde belächelt, so sind sie jetzt bereits ein ernstzunehmender Faktor für die Industrie geworden. Zahlreiche technische Artikel, vom Balkongewächshaus bis zur automatischen Kistchenbewässerung, werden für diesen Bereich angeboten. Auch hier hat man die Qual der Wahl.

Fensterkistchen, Balkonkästen

Im Fensterkistchen lassen sich Salat, Radieschen, Karotten (runde), Küchenkräuter, Brunnenkresse und gewisse Tomatensorten, Eierfrucht, Paprika, Pfefferoni u. a. ziehen. Günstig sind Balkonkästen mit einem Querschnitt von 20 × 20 cm. Das größere Erdvolumen wirkt sich günstig auf das Wachstum aus und erleichtert auch die Pflege.

Substrat, Zubehör

Als Substrat werden Fertigerden verwendet, die Tonanteile enthalten. Sie speichern Wasser und Nährstoffe besser als reine Torfsubstrate. Das Material der Kästen hat keinen wesentlichen Einfluß auf das Wachstum.
Wenn es nicht ohnehin vom Hausbesitzer vorgeschrieben ist, sollte man die Kästen fixieren. Entsprechende Halterungen sind im Handel zu bekommen. Gerade bei Tomaten und Eierfrucht werden die Kästen mit zunehmendem Fruchtansatz »kopflastig« und kippen leicht. Durch Wind und Regen wird die Gefahr des Absturzes noch größer.
Für Kistchen sind Abdeckhauben aus Thermoclear erhältlich. Sie können zur Verfrühung, als Frostschutz, Regen-und Hagelschutz und im städtischen Bereich auch gegen Verschmutzung eingesetzt werden. Die Hauben werden windsicher befestigt und sind an den Längsseiten ausstellbar. So können sie dem Pflanzenwachstum angepaßt und auch gelüftet werden (s. Abb. Seite 50).

Aussaat, Pflanzung, Pflege

Die benötigten Pflanzen werden entweder zugekauft oder selbst herangezogen. Radieschen und einige Küchenkräuter werden direkt gesät.
Die ersten 4 bis 6 Wochen ist keine Nachdüngung notwendig. Hier beschränkt sich die Pflege auf die Bewässerung. Nach diesem Zeitraum wird 2- bis 3mal in der Woche mit Volldünger (1 g/l Wasser) nachgedüngt. Wenn die Erdoberfläche verkrustet ist, lockert man sie mit einem Pikierholz oder einer Gabel, wenn kein anderes Werkzeug zur Hand ist, auf. Die Durchlüftung des Substrates wird somit verbessert.
Bei entsprechendem Platzangebot auf dem Balkon kann eine Stufenanlage gebaut werden. Dadurch läßt sich der Platz besser ausnützen und natürlich der Ernteertrag erhöhen.

Gemüse auf Balkon und Terrasse

Auf Balkon und Terrasse kann man sich schon an größere Dinge wagen. Speziell rankende Gemüsearten, wie Stangenbohnen, Gurken und Zuckermelonen, kommen zusätzlich in Frage. Sie können als sommerlicher Sichtschutz oder Schattenspender dienen. Daneben können Stabtomaten, Paprika, Okra u. a. gezogen werden. Hier findet auch der Tomatenbaum als attraktive Kübelpflanze seinen Platz.
Die Kultur erfolgt in den schon vorher erwähnten Balkonkästen, in Kübeln (10 l Inhalt) oder in Substratsäcken. Pro Sack werden 2 Tomaten, Gurken oder andere gesetzt. Bei Pflanzen mit geringerem Platzbedarf sind es entsprechend mehr. Rankende Gemüsearten werden an Schnüren, Draht oder Holzgerüsten aufgeleitet. So kann man sie in die gewünschte Richtung bringen.
Bei zahlreichen Gefäßen ist eine automatische Tröpfchenbewässerung günstig. Besonders in der Urlaubszeit leistet sie gute Dienste. Große Pflanzen benötigen sehr viel Wasser, und sind die Temperaturen zusätzlich hoch, muß 2- bis 3mal am Tag bewässert werden (s. Abb. Seite 31). Das kann einen erheblichen Zeitaufwand bedeuten. Düngung und Pflege werden wie auf Seite 48 beschrieben durchgeführt.

Balkongewächshäuser

Auch auf Balkon oder Terrasse kann man zum Gewächshausgärtner werden. Das Angebot reicht von den Kleingewächshäusern, ähnlich den Zimmergewächshäusern, bis hin zu den Wintergärten, die auch als Wohnraum genutzt werden können. Es sind Platz- und Geldfragen, die darüber entscheiden. Freude kann es im Kleinen und im Großen bereiten.

Hydrokultur

Die Hydrokultur ist schon lange, vor allem vom Zierpflanzenbau her, bekannt. Aber auch Gurken und Tomaten lassen sich sehr gut mit dieser Methode ziehen. Für manche ist es sicher einmal eine Abwechslung, dies auszuprobieren und vielleicht auch Freunde und Bekannte damit zu überraschen.

Pflanzen aus Stecklingen

Am einfachsten ist es, Stecklinge in Wasser oder in feinem Blähton zu bewurzeln. Dazu werden von gut entwikkelten Jungpflanzen Kopfstecklinge genommen. Die Bewurzelungsdauer liegt bei etwa 3 Wochen. Die Vermehrungstemperatur soll um 20 °C gehalten werden. Nach der Bewurzelung werden die Stecklinge in Hydrotöpfe gepflanzt. Weitere 3 Wochen später setzt man die getopften Pflanzen in Gefäße, die mit Blähton gefüllt sind.

Gefäße

Ein Wasserstandsanzeiger ist bei Hydrokultur unumgänglich. Bei zu lang anhaltendem hohen Wasserstand beginnen die Wurzeln zu faulen. Als Pflanzgefäße eignen sich Balkonkästen

Mit Abdeckhauben wird Gemüse im Fensterkistchen geschützt und verfrüht.

oder Fensterkistchen aus Kunststoff, die ohne Bodenöffnung sind. Nach Möglichkeit sollten die Gefäße nicht dem Regen ausgesetzt sein. Ist dies doch der Fall, empfiehlt es sich, seitlich in der Höhe des maximalen Wasserstandes einen Überlauf zu bohren. Zusätzlich kann das Gefäß auch mit Mulchfolie abgedeckt werden. Die Düngung erfolgt mit den bekannten Hydro-Düngern.

Pflanzen aus Samen

Etwas schwieriger ist die Anzucht aus Samen. Steinwollwürfel sind dafür am besten geeignet, doch nicht überall erhältlich. Sonst behilft man sich eben auch mit feinem Blähton, der in kleine Töpfe (5 bis 6 cm Durchmesser) gefüllt wird. Die Töpfe werden in eine Schale gestellt und der Wasserstand bei 2 bis 3 cm gehalten. Man legt 3 Korn pro Topf aus und deckt sie mit wenig Leca ab. Über die Töpfe wird gelochte Folie oder Vlies gebreitet. Um eine raschere Keimung zu erzielen, wird die Temperatur auf 24 °C angehoben. Günstig ist für diese Methode auch ein Zimmergewächshaus.

Sind die Keimblätter erschienen, wird die Abdeckung mit Hilfe eines Gestells oder von Drahtbügeln etwa 20 cm über den Pflänzchen fixiert. Sind die Pflanzen kräftig genug, verfährt man wie mit den bewurzelten Stecklingen.

Nach der Ernte werden die Blähtonkugeln von den Wurzeln getrennt. Dies ist oft gar nicht so leicht, da die feinen Wurzeln bis in die kleinsten Poren hineinwachsen. Blähton wird anschließend ausgekocht und kann wiederverwendet werden.

Die Gemüsearten

Im folgenden werden die Gemüsearten besprochen. Neben den Kulturdaten gibt es Hinweise für die Verwendung und Zubereitung der einzelnen Arten sowie für die Lagerung. Wir wollen ja unsere Gemüsearten nicht nur über einen kurzen Zeitraum in der Küche verwenden, sondern auch noch dann, wenn manche Raritäten schon aus dem Ausland importiert werden. So können wir auch dem Winter oft ein Schnippchen schlagen.
Einige hier besprochene Gemüsearten müssen ihren Standort nicht unbedingt im Gemüsegarten haben. Topinambur oder Minimais können z.B. auch entlang des Zaunes als Sichtschutz gute Dienste leisten. Die Artischocke ist ebenfalls eine attraktive Pflanze für den Staudengarten. Diese Verwendungsmöglichkeiten werden bei den einzelnen Arten angegeben.
Die Einteilung der Gemüsearten wurde der Einfachheit halber in der alten Form der Pflanzengruppierung vorgenommen. Die Gemüsearten werden hier nach dem zu verwendenden Pflanzenorgan eingeteilt, was nach gärtnerisch-botanischen Gesichtspunkten zum Teil unzulänglich sein mag, aber dem Laien das Verständnis erleichtert:

- Kohlarten,
- Wurzel- und Knollengewächse,
- Blattgemüse,
- Fruchtgemüse,
- Hülsenfrüchte,
- Zwiebel- und Lauchgewächse,
- ausdauernde Gemüsearten.

Mancher wird einzelne Gemüsearten weder als selten noch als fein betrachten. Das ist jedoch Geschmackssache und, wie schon zu Beginn erwähnt, auch eine Sache der Zubereitung.
Die angegebenen Kulturdaten sind Richtwerte, die sich nach Gebiet und Klima natürlich etwas ändern können. Auf Sortenempfehlungen wurde in diesem Buch in der Regel verzichtet. Das Angebot ändert sich ständig, Sorten entfallen, neue kommen hinzu. Hier sollte man sich vom Fachhandel beraten lassen.

Kohlgemüse

Zahlreiche Gemüsearten stammen aus dieser Gruppe. Kohlgemüse klingt noch häufig nach »Arme-Leute-Essen«, doch lassen sich mit fast allen Arten raffinierte Gerichte zubereiten. Die Kultur von Kohlgemüse bereitet wenig Schwierigkeiten. Kohlarten haben jedoch einen großen Platzbedarf.

Brokkoli

(Spargelkohl, Sprossenbrokkoli)
Brassica oleracea convar. *botrytis* var. *italica*

Der Brokkoli stammt wie die meisten Kohlarten aus dem Mittelmeerraum. Zahlreiche Arten sind an seiner Entstehung beteiligt (s. Abb. Seite 55).
Verwendung: Wie bei Blumenkohl werden die Blüten verwendet. Man serviert sie gekocht, mit zerlassener Butter oder mit Semmelbrösel als Vorspeise bzw. als Beilage zu Fleischgerichten. Ausgezeichnet ist auch gratinierter Brokkoli. Außerdem können verschiedene Spargel- und Blumenkohlrezepte auf Brokkoli angewendet werden. Zarte Blätter und Blattstiele schmecken sehr

gut in Gemüsesuppen. Stärkere Blatt- und Blütenstiele werden vor der Verwendung geschält.
Aussaat, Pflanzung: Brokkoli wird im Freiland kultiviert. Für die 1. Pflanzung erfolgt die Aussaat Mitte Februar unter Glas. Pflanztermin ist Anfang April. In Saatschalen kann gleich auf 5 × 5 cm ausgesät werden, so erspart man sich das Pikieren. Günstiger ist die Verwendung von Multitopfplatten.
Ab April können Folgesätze auf den Freilandbeeten angebaut werden. Letzter Pflanztermin ist Anfang Juli. Für den letzten Satz liegt der Aussaattermin etwa 4 Wochen vorher.
Ist im Garten viel Platz vorhanden, kann an Ort und Stelle gesät werden. 2 bis 3 Körner werden gelegt. Der stärkste Keimling verbleibt. Der Abstand der Pflanzen im Freiland beträgt 40 × 50 oder 50 × 50 cm. Zu geringer Pflanzabstand hat auch auf die Blumengröße negative Auswirkungen.
Die Pflanzung erfolgt tief, d.h. bis zu den ersten echten Blättern. Dadurch bekommt die Pflanze eine gute Standfestigkeit. Zusätzlich kann nach 2 bis 3 Wochen noch leicht angehäufelt werden.
Pflege: Der Boden wird regelmäßig gelockert. Besonders wichtig ist eine gute Wasserversorgung. Die gilt für alle Kohlarten.
Vor der Pflanzung erfolgt eine Grunddüngung mit Volldünger (50 g/m^2). Ist die Blüte sichtbar, gibt man 20 g/m^2 Kalkammonsalpeter als Kopfdüngung, ebenso nach der Ernte der Hauptblüte. Die Nebenknospen entwickeln sich dann sehr gut.
Ernte, Lagerung: Etwa 6 bis 8 Wochen nach der Pflanzung erfolgt die erste Ernte. Wichtig ist die rechtzeitige Ernte der Blume. Die Knospen dürfen noch keine gelbe Farbe zeigen. Im Sommer erfolgt das Aufblühen oft innerhalb weniger Stunden, daher ist es günstiger, etwas frühzeitiger zu ernten. Brokkoli verwertet man am besten sofort. Er welkt sehr rasch und blüht nicht selten nach der Ernte auf. Im Gemüsefach des Kühlschranks hält er 3 Tage. Die Einfriereignung ist sehr gut. Brokkoli wird jedoch kürzer als Blumenkohl blanchiert, da die Blüten sehr leicht zerfallen.
Krankheiten, Schädlinge: Kohlhernie (auf gute Kalkversorgung des Bodens achten), Erdflöhe, Kohlfliege, Kohlweißling, Drehherzmücke, Blattläuse.

Butterkohl

Butterkohl stammt vom Wirsing (*Brassica oleracea* convar. *capitata* var. *sabanda*) ab und wird in Kultur auch so behandelt. Sein botanischer Name ist unbekannt (s. Abb. Seite 54).
Verwendung: Butterkohl wird wie Wirsing gedünstet und zur Verfeinerung mit Wein aufgegossen. So serviert man ihn als Beilage. Fein geschnitten und gekocht läßt sich Butterkohl auch als Salat zubereiten oder in Gemüsesuppen verwenden.
Aussaat, Pflanzung: Die Aussaat erfolgt ab Mai bis Anfang Juli auf Freilandsaatbeete. Nach 4 bis 6 Wochen wird auf 40 × 40 cm Abstand ausgepflanzt.
Pflege: Wichtig ist die regelmäßige Bodenbearbeitung und Bewässerung. Als Grunddüngung werden 20 bis 30 g/m^2

Volldünger gestreut. Eine Kopfdüngung ist nicht notwendig.

Ernte, Lagerung: Die Ernte erfolgt ab September. Geerntet wird bei Bedarf. Frost hält Butterkohl in gewissem Umfang aus. Um jedoch Schäden zu vermeiden, werden die Pflanzen ausgegraben und im Frühbeet eingeschlagen oder abgedeckt.

Krankheiten, Schädlinge: s. Brokkoli.

Chinakohl (Jägersalat, Schantungkohl)
Brassica pekinens, B. chinensis

Chinakohl ist in Ostasien beheimatet. Schon vor Christi Geburt wurde er angebaut. Bei uns ist er seit der Jahrhundertwende bekannt. Anbau und Verwendung haben sich jedoch erst in den letzten Jahren stark ausgeweitet.

Verwendung: Chinakohl ist hauptsächlich als Salatgemüse in den Wintermonaten bekannt. Er wird mit verschiedenen Salatsaucen zubereitet. Weniger bekannt ist seine Verwendung als Kochgemüse. Mit den Blättern lassen sich Rouladen und mit Mürbteig auch ein guter Chinakohlstrudel zubereiten.

Aussaat, Pflanzung: Beim Chinakohl unterscheiden wir zwischen den Granat- oder Cantoner und den japanischen Typen. Erstere sind länglich und im Blatt gröber. Die japanischen Typen sind oval bis rundlich und haben feineres Blatt. Dies ist bei der Sortenwahl zu beachten. Chinakohl wird vor allem im Freiland kultiviert. Es ist jedoch auch ein Anbau im Gewächshaus möglich.

Freiland: Chinakohl wird hauptsächlich als Herbst- oder Wintergemüse angebaut. Dabei ist die Direktsaat ins Freiland üblich. Die Aussaat erfolgt von Mitte Juli bis spätestens 10. August. Dieser letzte Termin ist für günstige Klimagebiete geeignet. In rauheren Lagen liegt er eine Woche früher.

Der Reihenabstand beträgt 40 bis 50 cm. In der Reihe wird auf 25 bis 30 cm vereinzelt. Wie bei Brokkoli kann eine Vorkultur in Töpfen oder Platten erfolgen. Die Aussaat auf Freilandsaatbeete ist nicht anzuraten, da das Wurzelsystem gegenüber anderen Pflanzen schwächer ausgeprägt ist. Das Verpflanzen ohne Wurzelballen wird nicht gut vertragen.

Frühanbau: Chinakohl kann ab Ende April ins Freie gepflanzt werden. Es ist jedoch eine Anzucht bei etwa 20 °C Voraussetzung. Bei niedrigeren Anzuchttemperaturen kommt es zu Schosserbildung (Frühblüher). Bei der Pflanzung sind die oben genannten Abstände einzuhalten. Für den Frühanbau eignen sich spezielle Sorten wie »Spring A 1« und »Early Market«.

Gewächshaus: Ein später Anbau im Gewächshaus ist möglich und bringt frischen Salat in den Wintermonaten. Die Aussaat wird von Mitte August bis Mitte September durchgeführt. Nach etwa 6 Wochen wird gepflanzt. Die Temperatur wird im Minimum bei 5 °C gehalten, ab 15 °C wird gelüftet.

Pflege: Wie alle Kohlarten benötigt Chinakohl viel Wasser. Trockenheit kann auch zu Schosserbildung führen. Da Chinakohl für Kohlhernie besonders anfällig ist, achte man auf eine gute Kalkversorgung des Bodens. Als Grunddüngung gibt man 30 g/m^2 Volldünger. Beim Vereinzeln oder 3 bis 4 Wochen nach der Pflanzung werden 20 g/m^2 Kalkammonsalpeter gestreut.

Butterkohl wird selten angebaut.

Pak Choi unterscheidet sich deutlich vom Chinakohl. Typisch sind das dunkle Laub und die hellen Blattstiele.

Grünkohl ist sehr frosthart und daher für die Winterversorgung aus dem eigenen Garten ideal. Hier die Sorte 'Lerchenzungen'.

Brokkoli entwickelt zuerst die Hauptknospe. In diesem Zustand erfolgt die Ernte.

Ernte: Die Ernte beim Normalanbau im Freiland erfolgt ab Ende Oktober bis Anfang November. Chinakohl verträgt Temperaturen bis – 6° C. Man erntet an frostfreien Tagen. Kranke Außenblätter werden entfernt.
Im Frühanbau erntet man ab Mitte Juni. Da zu diesem Zeitpunkt die Lagerung schwierig ist, baut man keine großen Mengen an.
Im Gewächshaus kann ab Dezember geerntet werden. Durch die niedrigen Temperaturen und das damit verbundene langsame Wachstum ist eine Einmalernte nicht notwendig.
Lagerung: Chinakohl eignet sich nicht zur Tiefkühlung. Bei der Herbsternte werden die Köpfe in Steigen oder auf Stellagen gelagert. Die günstigste Lagertemperatur liegt bei + 2° C. Keller mit Lehmboden sind als Lagerräume gut geeignet. Unter günstigen Bedingungen ist eine Lagerung bis Ende Februar möglich. Die eingelagerten Pflanzen müssen immer kontrolliert werden.
Krankheiten, Schädlinge: Cercosporella- und Alternaria-Blattfleckenkrankheit, Kohlhernie, Erdflöhe, Kohlfliege, Kohlweißling, Kohleule.

Pak Choi

Pak Choi zählt zum Chinakohl und wird im Freiland kultiviert. Die Anbaudaten entsprechen den der Chinakohl-Freilandkultur (s. Abb. links).
Im Gegensatz zu Chinakohl erfolgt aber keine Kopfbildung. Die Pflanze ähnelt dem Stielmangold. Kräftige weiße Stiele und dunkelgrünes Laub sind die Merkmale. Die Blattstiele können wie Mangold zubereitet werden (s. Seite 77). Sonst ergibt sich die gleiche Verwendung wie bei Chinakohl.

Grünkohl (Blätterkohl, Krauskohl, Braunkohl, Federkohl, Winterkohl)
Brassica oleracea convar. *acephala* var. *sabellica*

Der Grünkohl eine der ältesten Kohlarten (s. Abb. links).
Verwendung: Vom Grünkohl werden die meist stark gekrausten Blätter verwendet. Ähnlich wie Spinat zubereitet dienen sie als Beilage. Man kann sie auch gratinieren oder für Suppen verwenden.
Aussaat, Pflanzung: Grünkohl ist ein typisches Gemüse für die Wintermonate. Der Anbautermin fällt, wie für andere Wintergemüse, in den Zeitraum von Mitte Mai bis Ende Juni. Es wird auf Freilandsaatbeeten angebaut oder in Kistchen ausgesät. Aus dem Saatkistchen wird in Anzuchtplatten pikiert. Die Pflanzung erfolgt von Mitte Juni bis August. Bei zu später Pflanzung muß man mit geringeren Erträgen rechnen. Die Pflanzabstände liegen zwischen 50×40 und 50×50 cm.
Pflege: Grünkohl benötigt nährstoffreiche Böden. Vor der Pflanzung gibt man 50 g/m^2 Volldünger. Etwa 4 Wochen

später erfolgt noch eine Kopfdüngung mit der halben Menge. Sind die Pflanzen gut angewachsen, werden sie angehäufelt. Der Boden wird locker und unkrautfrei gehalten. Wie alle Kohlgemüse benötigt der Grünkohl eine gute Wasserversorgung.
Ernte, Lagerung: Die Blätter sind besonders schmackhaft, wenn sie dem Frost ausgesetzt wurden. Daher soll man sich mit der Ernte Zeit lassen. Man erntet die benötigten Blätter von unten nach oben. Bei Schneedecke ist die Winterhärte größer. Eine Bodenabdekkung mit Torf oder Laub ist günstig. Eine Einmalernte ist ebenso möglich. Die überschüssigen Blätter werden in der Tiefkühltruhe gelagert.
Krankheiten, Schädlinge: Kohlhernie (selten), Erdflöhe, Kohlweißling.

Wurzel- und Knollengemüse

Erdmandel (Erd-, Gras-, Riednuß, Tigernuß, Zulunuß, Kaffeewurzel, Chufa)
Cyperus esculentus

Die Erdmandel stammt aus dem tropischen Afrika und war schon den alten Ägyptern als Nahrungspflanze bekannt. Im Mittelmeergebiet wird sie heute noch angebaut. Verwandte der Erdmandel sind bei uns als Zimmerpflanzen oder als Schnittgrün unter den Namen „Cyperus" oder „Cypergras" bekannt (s. Abb. Seite 2).
Verwendung: Die »Frucht« der Erdmandel sind Sproßknöllchen, die sich am Ende unterirdischer Ausläufer bilden. Die nuß- bis mandelartig schmekkenden Knöllchen werden roh, gekocht oder geröstet verzehrt. Es läßt sich auch ein hochwertiges Speiseöl gewinnen, das dem Olivenöl qualitativ sehr nahe kommt. In Spanien wird aus gekochten Erdmandeln ein milchartiges Getränk hergestellt, das auch zu Speiseeis verarbeitet wird.
Aussaat, Pflanzung: Die Knöllchen werden an Ort und Stelle im Freiland »ausgesät« oder vorkultiviert. Die Vorkultur ist auf Grund höherer Erträge im Hausgarten vorzuziehen. Ende März bis Anfang April werden die Erdmandeln in 10-cm-Töpfe gelegt. Über Nacht läßt man sie aber vorher in lauwarmem Wasser quellen. Die Temperatur soll 20 °C nicht unterschreiten. Die Erdmandeln lieben die Wärme, ihre Herkunft deutet schon darauf hin. Sobald keine Fröste mehr zu erwarten sind, pflanzt man aus. Der Standort muß nicht im Gemüsegarten sein, auch mit Blumen läßt sich dieses Sauergrasgewächs kombinieren. In der Reihe wird auf 40 bis 50 cm Abstand ausgepflanzt, der Reihenabstand beträgt 60 cm. Für die »Direktsaat« gelten diese Entfernungen natürlich auch. Zwischen 5 und 10 Knöllchen kommen an jede Legestelle. Sie werden etwa 5 cm tief gelegt.
Pflege: Lockere Sandböden sind vorteilhaft. Die Ernte wird vor allem erleichtert, doch gedeiht die Erdmandel auch auf lehmigen Böden. Vor der Pflanzung oder Saat wird eine Volldüngergabe von 50 g/m^2 ausgebracht. Weitere Düngergaben sind nicht notwendig. Der Boden wird unkrautfrei gehalten und gelockert. Gute Wasserversorgung ist für den Ertrag mitentscheidend.
Ernte, Lagerung: Bis zur Ernte dauert es 4 bis 5 Monate vom Pflanzzeitpunkt

an gerechnet. Das Gras wird knapp über dem Boden abgeschnitten. Mit der Grabegabel werden die Wurzelstöcke aus dem Boden gehoben, geschüttelt oder gegen den Werkzeugstiel geschlagen. Am besten macht man dies über einer Folie. Die Knöllchen fallen aus dem Wurzelstock und werden anschließend eingesammelt. Sie werden nur grob von der Erde gereinigt. Man darf sie auf keinen Fall waschen, wenn man sie über einen längeren Zeitraum lagern will. Einen Teil hält man für den Anbau im nächsten Jahr zurück. Die Lagerung erfolgt kühl und trocken. Die Knöllchen können auch in trockenem Torf gelagert werden.
Die Ernte muß nicht auf einmal durchgeführt werden, sondern kann bis in den November verlaufen. Die oberirdischen Teile sind als Futter für Haustiere geeignet.
Krankheiten, Schädlinge: Krankheiten sind noch nicht aufgetreten. Am Lager sind Mäuse gefährlich.

Kerbelrübe (Knollenkerbel, Rübenkerbel)
Chaerophyllum bulbosum

Die Kerbelrübe ist in Mitteleuropa auf feuchten Standorten zu Hause. Durch ihren hohen Gehalt an Vitaminen, Mineralstoffen und Würzsubstanzen ist sie bei Kennern als Delikatesse geschätzt. Nicht zu verwechseln mit dem Gartenkerbel (*Anthriscus cerefolium* ssp. *cerefolium*).
Verwendung: Kerbelrüben dienen als Beilage zu Fleischgerichten. Sie werden gekocht und dann mit gerösteten Zwiebeln und Gewürzkräutern angerichtet. Gekochte Kerbelrüben können auch mit Zucker glaciert werden.
Aussaat: Die Kerbelrübe verlangt einen nicht zu stark gedüngten Boden. Die Aussaat erfolgt von Ende August bis Oktober. Es muß stets frisches Saatgut verwendet werden, da die Keimfähigkeit rasch nachläßt. Da die Samen aber erst im Frühjahr keimen, wird eine Markiersaat beigemischt. Wintersalat ist dafür gut geeignet. So kann die Bodenbearbeitung zwischen den Reihen ohne Probleme durchgeführt werden. Der Reihenabstand beträgt 20 bis 30 cm. Nach dem Aufgang der Saat wird auf 5 cm Abstand in der Reihe vereinzelt.
Pflege: Schon der heimische Standort weist auf die Feuchtigkeitsansprüche hin. Gute Bewässerung und Freihalten der Pflanzen von Unkraut sind die Grundvoraussetzungen für den Kulturerfolg. Nach gut gedüngten Kulturen, z.B. Tomaten, ist eine Grunddüngung nicht notwendig. Meist kann auch die Kopfdüngung entfallen.
Nicht nur für uns ist die Kerbelrübe ein feines Gemüse, auch Mäuse sind Feinschmecker und delektieren sich an den Rübchen. Ein Schutz gegen diese Gartenbewohner ist daher notwendig.
Ernte, Lagerung: Ab Juli wird geerntet. Ein sicheres Zeichen ist das Vergilben der Blätter. Besteht keine Gefahr des Mäusefraßes, können die Rüben bis Oktober im Boden bleiben.
Die Lagerung der Kerbelrüben erfolgt in Erdmieten oder in feuchtem Sand.
Krankheiten, Schädlinge: Wie bei Möhren, z.B. Möhrenfliege, Möhrenminierfliege, Möhrenblattfloh, Möhrenschwärze, aber in erheblich geringerem Umfang.

Knollenziest (Stachys sieboldii). Die perlschnurartigen Knollen sollen nach der Ernte verbraucht werden.

Knollenziest (Japanische Kartoffel, Crosne, Stachys)
Stachys sieboldii

Die Heimat dieser Gemüseart ist China. Sie wird in China und Japan als Gemüse angebaut. Gegen Ende des 19. Jahrhunderts wurde Knollenziest in Europa eingeführt, geriet aber wieder in Vergessenheit (s. Abb. rechts).
Verwendung: Knollenziest wird in der chinesischen und japanischen Küche gerne verwendet. Der Geschmack ist nicht sehr intensiv. Er eignet sich auch zum Frittieren, Braten und zu Salaten. Die Knollen werden auch in Salzwasser gekocht und in Butter gedämpft.
Aussaat, Pflanzung: Ab April werden die Knöllchen im Abstand von 40×40 cm ausgelegt (2 bis 3 Stück pro Legestelle). Bald bilden die unterirdischen Ausläufer, die sich knollig verdicken. Da sie zwischen den Knoten anschwellen, entstehen perlschnurartige Gebilde.
Pflege: Lockerer und nährstoffreicher Boden ist die Voraussetzung für ein gutes Wachstum. 50 g/m^2 Volldünger gibt man bei der Pflanzung. Im Juli wird nochmals eine Kopfdüngung mit 30 g/m^2 leicht eingearbeitet. Der Boden wird locker und unkrautfrei gehalten. Die Wasserversorgung muß gut sein.

Die Pastinake ist eine altbekannte Gemüsepflanze mit einem sehr würzigen Geschmack. Hier die Sorte 'Lange Holkruin'.

Rechts: Schwarzwurzeln müssen für die Lagerung vorsichtig geerntet werden. Bei Beschädigung tritt der milchige Saft aus.

Links: Topinambur. Vor der Ernte werden die Triebe abgeschnitten. Verbleibende Knöllchen treiben im nächsten Jahr wieder aus.

Ernte, Lagerung: Die Ernte kann ab September erfolgen und wird fortgesetzt, solange der Boden offen ist. Da die Haltbarkeit der Knollen nach der Ernte gering ist, entnimmt man nur die notwendige Menge. Die Knöllchen sind außerdem sehr brüchig. Es werden immer wieder welche übersehen. Sie treiben im nächsten Jahr wieder aus und können sogar zu einem lästigen Unkraut werden. Man muß sie ja nicht unbedingt im Gemüsegarten pflanzen, sondern kann auf andere Stellen des Gartens ausweichen. Knollenziest gedeiht auch im Halbschatten gut.

Krankheiten, Schädlinge: Es sind keine besonderen Krankheiten und Schädlinge bekannt.

Kohlrübe (Wruke, Steckrübe, Unterkohlrabi)
Brassica napus var. *napobrassica*

Die Kohlrübe stammt aus der Familie der Kohlgewächse. Sie ist eine Kreuzung zwischen Speiserübe und anderen Kohlarten und vermutlich im Mittelmeerraum entstanden.

Verwendung: Kohlrüben haben sehr wenig Eigengeschmack. Sie werden da-

her oft mit anderen Gemüsearten sauer eingelegt. Mit Essiggurken, Perlzwiebeln, grünen Tomaten u.a. lassen sich gute Sauerkonserven herstellen. Kohlrüben nehmen dann den entsprechenden Geschmack an. Man kann sie natürlich auch allein einlegen. Zu Kalten Platten schmecken sie vorzüglich.
Aussaat, Pflanzung: Aussaattermin ist April bis Mai. Die Saat erfolgt entweder aufs Freilandsaatbeet oder an Ort und Stelle. Der Abstand zwischen den Reihen beträgt 40 bis 50 cm, in der Reihe wird auf 40 cm verzogen oder gepflanzt. Die Pflanzung darf nicht zu tief erfolgen, da es sonst zu Ertragseinbußen kommt.
Pflege: Sie erfolgt wie bei den Speiserüben.
Ernte, Lagerung: Die Ernte erfolgt von Oktober bis November. Die Rüben dürfen nicht gefroren sein. Das Laub wird entfernt.
Die Rüben werden entweder sofort sauer konserviert oder in frostfreien Kellern oder Mieten eingelagert.

Pastinak(e) (Hammelmöhre, Moorwurzel)
Pastinaca sativa

Die Pastinake ist mit wenigen Ausnahmen in ganz Europa verbreitet. Sie war bereits im Altertum bekannt. Im Lauf der Zeit wurde sie von Karotten und Möhren verdrängt (s. Abb. Seite 58).
Verwendung: Pastinaken haben einen sehr würzigen Geschmack. Sie werden in Gemüsegerichten und Suppen wie Wurzelpetersilie oder Karotten verwendet. Auch ein sehr geschmackvoller Salat läßt sich zubereiten.
Aussaat: Die Aussaat erfolgt von März bis April in Reihen. Der Reihenabstand liegt zwischen 30 und 40 cm. Da die Keimdauer bei etwa 5 Wochen liegt, empfiehlt sich auch hier eine Markiersaat. Nach dem Auflaufen wird in der Reihe auf einen Pflanzenabstand von 10 bis 15 cm vereinzelt.
Ein selten gewählter Aussaattermin ist der Juni. Da die Wurzel winterhart ist, verbleibt sie im Boden und wird erst im späten Frühjahr geerntet.
Pflege: Vor der Aussaat werden 30 g/m^2 Volldünger gegeben. Im Juli und August erfolgen Kopfdüngergaben mit 15 g/m^2. Bodenbearbeitung, d.h. flaches Hacken und Beseitigung von Unkraut sowie Bewässerung sind laufend durchzuführen.
Ernte, Lagerung: Die Ernte erfolgt ab Oktober. Wie schon erwähnt, können die Wurzeln über Winter im Boden verbleiben. Aber es besteht die Gefahr von Mäusefraß.
Pastinaken lagert man üblicherweise in Erdmieten oder durch Einschlagen in feuchtem Sand.
Krankheiten, Schädlinge: Bei Pastinaken treten Krankheiten und Schädlinge äußerst selten auf. Es wäre schön, wenn viele unserer Gemüsearten so robust wären.

Schwarzwurzel
Scorzonera hispanica

Die Heimat der Schwarzwurzel ist Südeuropa. Hier ist sie auch heute noch wild anzutreffen. Die Pflanze ist mehrjährig. Anders als bei Pastinaken, sind die Wurzeln blühender Pflanzen genießbar (s. Abb. Seite 59).

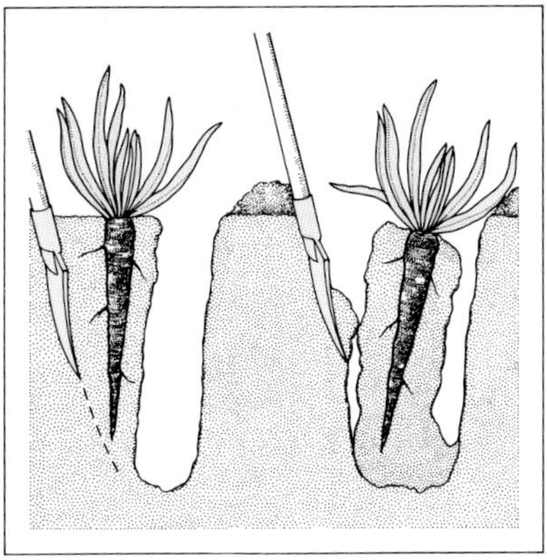

Schwarzwurzelernte. An einer Seite wird abgegraben, danach wird von der anderen Seite angehoben.

Verwendung: Schwarzwurzeln werden als »Spargel des armen Mannes« bezeichnet. Das deutet auch schon auf die Verwendung hin.
Die Schwarzwurzeln werden vor der Verwendung generell geschält. Bei Spargel ist dies nur bei starken Trieben notwendig. Um die weiße Farbe zu erhalten, werden sie in Zitronenwasser gelegt. Für die Köchin ist zu empfehlen, bei dieser Arbeit Gummihandschuhe zu tragen. Die Wurzelrinde färbt sehr intensiv und man bekommt die Farbe nur schwer von der Haut.
Die Wurzeln werden für Suppen oder als Beilagen verwendet. Besonders gut schmecken sie in einer Rahmsauce.
Aussaat: Schwarzwurzeln werden von März bis April oder im August gesät. Als Reihenabstand wählt man 20 bis 30 cm. Nach dem Auflaufen wird auf etwa 10 cm Abstand in der Reihe vereinzelt. Da die stäbchenförmigen Samen 1,5 bis 2 cm lang sind, können sie auch auf Endabstand gelegt werden.
Pflege: Schwarzwurzeln brauchen einen lockeren, humusreichen und tiefgründigen Boden. Nur dann können sie sich voll entwickeln und lange Wurzeln ausbilden. Vor der Saat gibt man 20 g/m^2 Volldünger. Gleiche Mengen folgen im Juli und August als Kopfdüngung.

Wichtig für den Ertrag ist eine möglichst lange Vegetationsperiode und eine gute Wasserversorgung ab Juni den ganzen Sommer über.
Ernte, Lagerung: Bei der Frühjahrsaussaat erfolgt die Ernte ab Oktober und im darauffolgenden Frühjahr. Bei der Augustaussaat wird erst im Oktober nächsten Jahres geerntet (s. Abb. links).
Bei der Ernte ist vorsichtig vorzugehen, da die Wurzeln sehr brüchig sind. Es wird daher zuerst auf einer Seite der Reihe der Boden gelockert und die Wurzel dann von der anderen Seite angehoben. Bei schweren Böden ist es empfehlenswert, entlang der Reihe einen schmalen Graben auszuheben und die Wurzel dann vorsichtig von der anderen Seite in Richtung Graben zu drücken. Man vergesse auch bei der Ernte nicht die Gummihandschuhe.
Schwarzwurzeln sind bei Temperaturen knapp über 0 °C sehr lange haltbar. Man muß sie nur vor Austrocknung schützen.
Krankheiten, Schädlinge: Weißer Rost, Echter Mehltau, Mäuse.

Speiserüben

Brassica rapa var. *rapa*

Das Verbreitungsgebiet der Wildform ist Europa, Asien und Nordafrika. Eindeutig läßt sich die Abstammung nicht feststellen. Zuerst dürfte die Speiserübe als Ölpflanze kultiviert worden sein. Erst später kam die Verwendung zu Speisezwecken.

Zu den Speiserüben zählen
- Mairübe,
- Herbstrübe,

Mairübchen sehen wie weiße Radieschen aus.

- Kleine Speiserübe (Teltower Rübchen),
- Stielmus (Rübstiel).

Weitere Namen sind Weiße Rübe, Wasserrübe, Turnip, Saatrübe, Herbstrübe, Stoppelrübe.

Mairübe

Verwendung: Mairüben werden hauptsächlich wie Radieschen roh gegessen. Es besteht aber auch die Möglichkeit, sie als Beilage zu Fleischgerichten zuzubereiten. Sie werden dazu in Würfel oder in Streifen geschnitten und wie Karotten zubereitet (s. Abb. oben).
Aussaat: Die Aussaat erfolgt ab Mitte Februar z. B. ins gepackte Mistbeet. Der Samen wird im Abstand von 15 × 15 cm ausgebracht, wobei 2 bis 3 Samen in eine flache Erdmulde gelegt werden. Der stärkste Keimling verbleibt, die anderen werden entfernt. Im Freiland wird von März bis April gesät. Der Reihenabstand liegt bei 20 bis 25 cm, in der Reihe wird auf einen Abstand von 10 bis 15 cm vereinzelt.
Pflege: Die Pflege beschränkt sich auf die Bodenbearbeitung (hacken, jäten) und Bewässerung. Als Düngung reichen 20 g/m^2 Volldünger.
Ernte, Lagerung: Die Ernte erfolgt ab einem Rübendurchmesser von 5 cm. Man kann die Mairüben aber bis zu einer Größe von 15 cm heranwachsen lassen, ohne daß sie an Zartheit verlieren. Ihre Verwendung soll möglichst rasch erfolgen. Im Gemüsefach des Kühlschranks bleiben sie einige Tage frisch.

Herbstrübe

Verwendung: Herbstrüben verwendet man wie Mairüben.
Aussaat: Von Ende Juli bis 10. August wird gesät. Der Reihenabstand beträgt 30 cm, in der Reihe vereinzelt man auf einen Abstand von 15 bis 20 cm.
Pflege: Sie erfolgt wie bei den Mairüben.
Ernte, Lagerung: Herbstrüben erntet man am besten mit der Grabgabel. Mit Ausnahme der Herzblätter werden alle anderen entfernt. Man lagert Herbstrüben im Sandeinschlag in Kellern oder Mieten. Die Rüben lassen sich auch ähnlich wie Sauerkraut einlegen.

Kleine Speiserübe (Teltower Rübchen) Aussaat, Pflege, Ernte und Lagerung erfolgen wie bei den Herbstrüben. Unterschiedlich sind nur der Reihenabstand mit 15 cm und der Pflanzenabstand von 8 cm in der Reihe.

Stielmus wird als ganze Pflanze geerntet oder man schneidet die Blätter über dem Herz.

Stielmus (Rübstiel) Obwohl beim Stielmus im Gegensatz zu den anderen Speiserüben das Laub verwendet wird, wurde es von der Einteilung her beim Wurzelgemüse belassen, da es von allen Mai- und Herbstrüben gezogen werden kann. Für den Anbau werden jedoch spezielle Formen bevorzugt (s. Abb. oben).

Verwendung: Stielmus eignet sich für Suppen und Beilagen. Es läßt sich auch ein schmackhafter Salat zubereiten.

Aussaat: Von Januar bis März ist eine abgestufte Aussaat im kalten Gewächshaus möglich. Temperaturen zwischen 5 und 10 ° C sind ausreichend. Ab Mitte Februar wird ins gepackte Mistbeet gesät und ab März bis Mai ins Freiland. Der Reihenabstand ist 10 cm. Es wird dicht gesät und nicht vereinzelt.

Pflege: Als Grunddüngung reichen 10 g/m^2 Volldünger. Es wird gejätet und bewässert. Weitere Pflegearbeiten sind nicht notwendig.

Ernte, Lagerung: Ab einer Stiellänge von 10 cm kann geerntet werden. Entweder werden die Pflanzen mit den Wurzeln herausgezogen oder die Blätter etwa 2 cm über der Erde abgeschnitten. Bei der zweiten Erntemethode sind 2 bis 3 Schnitte möglich. Lagerung ist nicht möglich.

Krankheiten, Schädlinge: Bei den Speiserüben treten die gleichen Krankheiten und Schädlinge wie bei den Kohlarten auf, vorwiegend aber Erdflöhe.

Süßkartoffel (Batate, Knollenwinde) *Ipomea batatas*

Die Heimat der Süßkartoffel ist Mexico. Sie wird heute in allen warmen Klimagebieten angebaut. Bei uns ist die Kultur im Weinbauklima möglich. Sonst wird sie unter Glas angebaut.

Verwendung: Die Knollen können gebraten, geröstet oder gekocht werden. Sie werden häufig, wie Kartoffeln, als Beilage verwendet und auch zu Püree verarbeitet. In manchen Ländern werden aus Süßkartoffeln auch alkoholische Getränke hergestellt.

Aussaat, Pflanzung: Samenvermehrung ist nur in der Züchtung üblich. Die Vermehrung erfolgt entweder durch Sprosse oder durch Stecklinge, die von Knollen genommen werden. Knollen sind in Spezialitätengeschäften zu bekommen, sie werden fast das ganze Jahr importiert. Man legt die Knollen ab April in feuchten Torf. Temperaturen über 20 °C sind günstig, die Entwicklung der Sprosse erfolgt rascher. An den

Sprossen bilden sich Wurzeln. Die bewurzelten Sprossen werden von der Knolle getrennt und verpflanzt. Da die Triebe später am Boden kriechen, wird ein Reihenabstand zwischen 80 cm und 1 m eingehalten. In der Reihe wird auf 30 cm Abstand gepflanzt.
Stecklinge werden mit 3 bis 4 Blättern geschnitten, in Torf gesteckt und mit Vlies oder Folie abgedeckt, um die Luftfeuchtigkeit hoch zu halten. Bei starker Sonneneinstrahlung wird leicht schattiert. Die Temperatur soll um 20 °C gehalten werden. Nach 3 bis 4 Wochen sind die Stecklinge bewurzelt und werden dann auf die oben genannten Abstände ausgepflanzt.
Pflege: Die Süßkartoffel bevorzugt lokkere, warme Böden. Kalte Lehmböden sind nicht geeignet. Man kann aber auch hier auf die Gefäßkultur ausweichen und in 10-l-Kübel pflanzen. Die Erträge sind aber meist geringer. Vor der Pflanzung werden 30 g/m² Volldünger gestreut. Während des Wachstums werden 1 bis 2 Kopfdüngungen gegeben. Am günstigsten sind hier Flüssigdünger einzusetzen. Süßkartoffeln haben einen hohen Wasserbedarf. Der Boden wird daher gleichmäßig feucht gehalten. Bei zu trockener Kultur sind die Erträge niedrig. Die Temperatur wird möglichst um 20 °C gehalten. Sie soll nicht unter 10 °C absinken. Schon ab dieser Temperatur sterben die Süßkartoffeln ab. Von der Pflanzung bis zur Ernte vergehen 4 bis 5 Monate. Wenn das Laub vergilbt, erfolgt die Ernte.
Ernte, Lagerung: Die Knollen werden mit der Grabgabel geerntet. Man läßt sie 1 bis 2 Tage im Gewächshaus (oder Folienhaus) trocknen, kann sie aber auch über einen längeren Zeitraum in trockenen Torf lagern. Die Temperatur darf dabei nicht unter 5 °C absinken. Die Knollen können bis zu 3 kg schwer werden. Für die Weiterkultur bewahrt man einige Knollen auf. Sollten sie nicht bis zum Vermehrungszeitraum halten, pflanzt man sie bereits früher und topft die Sprosse ein.
Krankheiten, Schädlinge: Spezielle Schädlinge und Krankheiten sind nicht bekannt.

Topinambur (Erdbirne)
Helianthus tuberosus

Topinambur ist vermutlich aus Nordamerika nach Europa gekommen. Manchmal wird diese Pflanze auch als »Jerusalem-Artischocke« bezeichnet. Topinambur gehört zu den Sonnenblumengewächsen und bildet neben den Knollen, die verzehrt werden (s. Abb. Seite 59), über 2 m lange Stiele, an deren Ende zahlreiche Blüten sitzen. Die Blüten haben einen Durchmesser zwischen 5 und 10 cm und sind sehr dekorativ. Topinambur hat daher seinen Platz nicht nur im Gemüsegarten, sondern auch im Zierteil des Gartens. Sie eignet sich in den Sommermonaten als Sichtschutzpflanze. Entlang des Zaunes und z. B. mit hohen Dahlien kombiniert, bietet sie ein schönes Bild.
Verwendung: Topinambur ist eine gute Diätnahrung für Zuckerkranke. Die Knollen werden wie Kartoffeln zubereitet, jedoch in Zitronenwasser gekocht, damit das Fleisch weiß bleibt. Man serviert sie als Beilage zu gebratenem Fleisch und Geflügel oder verwendet sie für Suppen.

Tobinambur wird in flache Gräben gelegt. Bei 15 cm Höhe wird angehäufelt. Die Ernte erfolgt mit der Grabgabel.

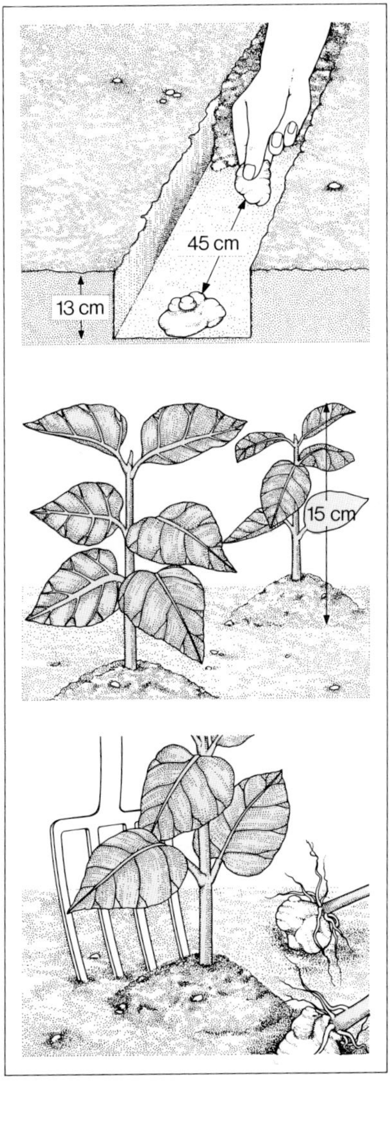

In manchen Gebieten brennt man aus den Knollen auch Schnaps oder verfüttert sie dem Wild.

Anbau: Von Topinambur ist kein Saatgut im Handel, sondern man muß sich Knollen besorgen. Die Knöllchen werden Anfang April oder von September bis Oktober gelegt, in eine 13 cm tiefe Furche oder in Pflanzlöcher. Der Reihenabstand beträgt 80 bis 100 cm, der Abstand in der Reihe 30 bis 45 cm (s. Abb. links).

Pflege: Nach dem Austrieb wird mit fortschreitendem Wachstum 1- bis 2mal angehäufelt. Hier gilt es die Standfestigkeit zu verbessern. Gleichzeitig mit dem Anhäufeln wird Volldünger (20 g/m^2) gegeben. Diese Düngergaben reichen für die gesamte Kulturdauer aus. In extremen Windlagen ist es vorteilhaft, die Pflanzen zusätzlich zu stützen. Um die Fläche unkrautfrei zu halten, ist eine Mulchdecke günstig.

Ernte, Lagerung: Die Ernte erfolgt ab Oktober mit Hilfe einer Grabgabel. Es muß nicht alles auf einmal geerntet werden. Ein Teil der Knollen kann bis zum Frühjahr im Boden bleiben. Um auch im Winter ernten zu können, wird diese Fläche mit einer Laubschicht abgedeckt. Sie verhindert das Gefrieren des Bodens. Die Ernte muß sehr sorgfältig durchgeführt werden. Kleine Knollen, die im Boden bleiben, können leicht zu einer »Verunkrautung« der Fläche führen. Herbstpflanzungen werden ab Oktober des Folgejahres geerntet. Lagerung wie bei Kartoffeln, kühl und dunkel. Kleine Knollen werden als Pflanzgut für das nächste Jahr aufbewahrt.

Krankheiten, Schädlinge: Pflanzenschutzprobleme sind nicht bekannt.

Bindesalat kann roh oder gekocht zubereitet werden.

Blattgemüse

Bindesalat (Römischer Salat, Kochsalat, »Sommerendivie«)
Lactuca sativa var. *longifolia*

Die Herkunft des Bindesalates ist nicht eindeutig zu bestimmen. Sein Verbreitungsgebiet dürfte sich von Westasien bis in den Mittelmeerraum erstrecken (s. Abb. rechts).
Verwendung: Die Zubereitung kann als Salat erfolgen, doch wird er häufig auch wie Spinat oder Spargel zubereitet. Für die letztere Möglichkeit eignet sich besonders die Sorte »Kasseler Strünkchen«.
Aussaat, Pflanzung: Die Aussaat erfolgt im Februar bis März im Gewächshaus. Es wird in Kistchen gesät und nach dem Aufgang der Keimlinge pikiert. Ab Anfang April bis Mai wird mit einem Abstand von 30 × 30 cm ins Freiland gepflanzt. Zur Förderung des Wachstums wird zunächst noch mit Folie abgedeckt.
Die andere Möglichkeit ist, von April bis Juni entweder auf Freilandsaatbeete auszusäen und 4 bis 5 Wochen später zu verpflanzen oder Direktsaat auf das Beet durchzuführen. Die Saat- und Pflanzabstände wie oben angegeben sind einzuhalten.
Pflege: Bindesalat verträgt etwas mehr Nährstoffe als Kopfsalat. Als Grunddüngung gibt man 30 g/m² Volldünger, die Kopfdüngung liegt bei 20 g. Die Beete werden gehackt und gejätet. Nicht selbstschließende Sorten werden vor der Ernte zusammengebunden (Bindesalat), um die inneren Blätter zu bleichen.
Ernte, Lagerung: Unter günstigen Bedingungen erfolgt die Ernte 6 bis 8 Wochen nach der Pflanzung. Sie wird wie bei Kopfsalat durchgeführt. Eine Lagerung im Gemüsefach des Kühlschranks ist nur kurzfristig möglich.
Krankheiten, Schädlinge: Drahtwürmer, Läuse, Schnecken, Falscher Mehltau.

Brunnenkresse
Nasturtium officinale

Die Brunnenkresse ist in ganz Europa verbreitet. Man findet sie an Bächen, wo sie an seichten Stellen wächst und auch wild geerntet wird. Sie wird zwar in der Bundesrepublik wenig gegessen, man schätzt sie aber in anderen europäischen Ländern als Delikatesse. Wegen ihres hohen Gehalts an Vitamin C und Karotin ist sie außerdem gesundheitlich wertvoll.
Verwendung: Wegen ihres würzigen, etwas säuerlichen Aromas eignet sich Brunnenkresse sehr gut für Saucen, Suppen und Brotaufstriche. Sie wird zu Salat zubereitet oder anderen Salaten beigemischt. Manche essen sie auch ohne Zutaten.
Aussaat, Stecklinge: Im Hausgarten ist kaum die Möglichkeit gegeben, Brun-

Links: Brunnenkresse ist in eine mit Folie ausgelegte Steige gepflanzt worden.

Rechts: Nach wenigen Wochen ist die Steige verwachsen. Es wird laufend geerntet. Nachdüngung ist notwendig, wenn die Blätter kleiner werden.

nenkresse in fließendem Wasser von 10 bis 12° C zu kultivieren. Sie läßt sich jedoch auch im Garten, in Kisten oder in Fensterkistchen am Balkon ziehen. Die Pflanzen sät man entweder selbst aus oder man besorgt sich im Gemüsehandel Pflanzen zur Gewinnung von Stecklingen. Die Aussaat erfolgt im März in Saatkistchen unter Glas. Die Sämlinge werden auf einen Abstand von 5 × 5 cm pikiert. Wichtig ist gleichmäßige Feuchtigkeit. Bis Mai erhält man kräftige Pflanzen. Die andere Möglichkeit ist, von den gekauften Trieben etwa 10 cm lange Stecklinge zu schneiden. Sie bewurzeln in feuchtem Torf oder in Wasser sehr rasch. Der Zeitpunkt dafür liegt Anfang Mai.

Beetkultur: Für die Kultur auf dem Beet wird ein 25 cm breiter Graben auf Spatentiefe ausgehoben. Der Aushub wird mit Kompost oder gut verrottetem Stallmist vermischt und wieder in den Graben gefüllt. Die Mischung kann etwas unter dem vorherigen Niveau bleiben. Jetzt werden die Pflanzen im Abstand von 15 cm gesetzt und kräftig angegossen (s. Abb. Seite 68).

Kistenkultur: Dazu verwendet man am besten Obststeigen, die mit gelochter

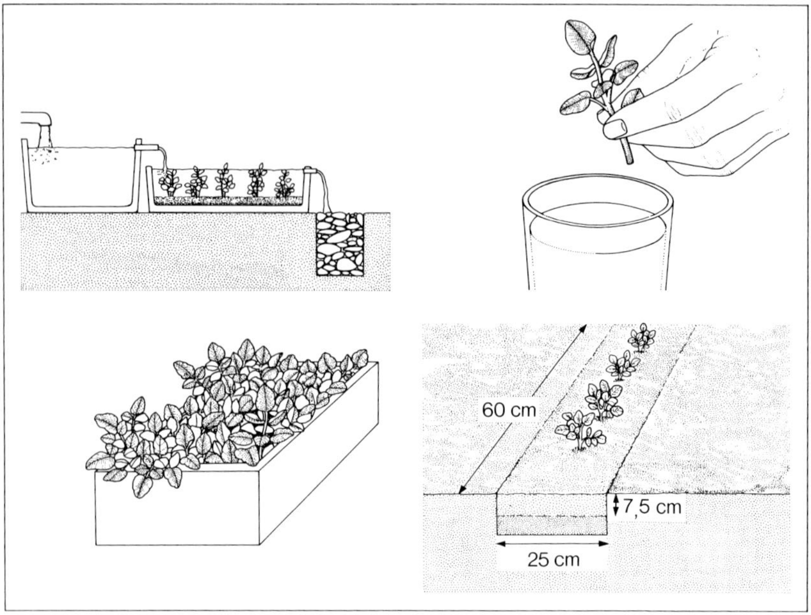

schwarzer Folie ausgelegt werden. Die Kisten werden mit einer Mischung aus Torf und Kompost im Verhältnis 1:1 oder nur mit TKS 1 (Torfkultursubstrat) gefüllt. Eine Mischung Gartenerde mit verrottetem Stallmist ist ebenfalls möglich. Als Standort wählt man einen schattigen Platz, damit die Erde nicht zu rasch austrocknet (s. Abb. Seite 67).
Pflege: Entscheidend für den Kulturerfolg ist die Bewässerung. Die Pflanzen sollen stets gut feucht gehalten werden, daher ist ein mehrmaliges Gießen am Tag nötig. Werden die Blätter kleiner, wird flüssig nachgedüngt. Man verwendet einen vollwasserlöslichen Volldünger (1 g/l Wasser).
Ernte, Lagerung: Schon 1 Monat nach der Pflanzung setzt die Ernte ein. Triebspitzen werden etwa mit 8 cm Länge abgeschnitten. Eine Lagerung ist nicht möglich.
Zur Verlängerung der Ernte im Herbst können die Gräben mit Folie abgedeckt werden. Kisten stellt man ins ungeheizte Gewächshaus.
Krankheiten, Schädlinge: Pflanzenschutzprobleme sind nicht bekannt.

Chicorée (Salatzichorie, Witlof)
Cichorium intybus var. *foliosum*

Chicorée ist in Europa beheimatet und seit dem 1. Jahrhundert als Gemüse bekannt. Zuckerhut und Radicchio zählen botanisch zur selben Art.
Verwendung: Chicorée wird meist für Salat verwendet, kann aber auch gedünstet oder gratiniert werden. Gerade in den Wintermonaten, wo es weniger frisches Gemüse gibt, ist Chicorée eine Abwechslung auf dem Speisezettel.
Aussaat: Anfang bis Mitte Mai an Ort und Stelle. Der Reihenabstand beträgt 30 bis 40 cm. In der Reihe wird auf 20 bis 25 cm Abstand vereinzelt.
Pflege: Chicorée braucht gut versorgte, tiefgründige Böden und reichlich Was-

Links: Brunnenkresse in fließendem Wasser. Stecklinge werden in Wasser bewurzelt, die Pflanzen in Gräben oder Kisten gepflanzt.

Unten: Chicorée wird nach der Aussaat auf Endabstand, etwa 20–25 cm, vereinzelt. Die Ernte erfolgt mit der Grabgabel.

Das Laub wird mit dem Messer entfernt, die Wurzeln auf gleiche Länge eingekürzt. In Kisten Treiberei mit Deckerde.

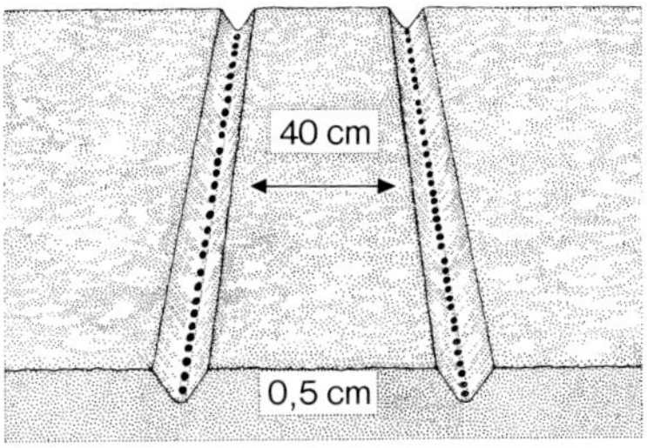

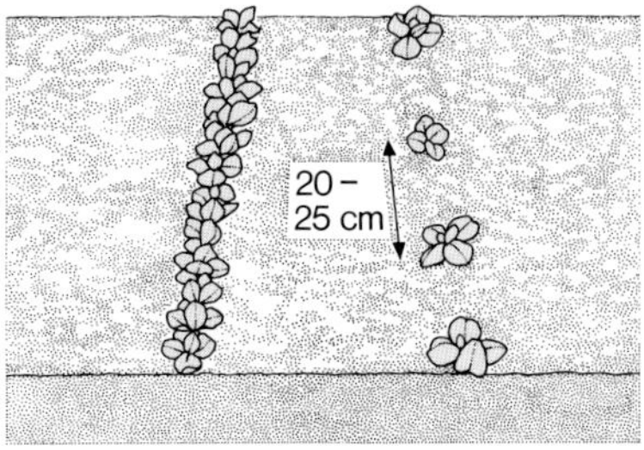

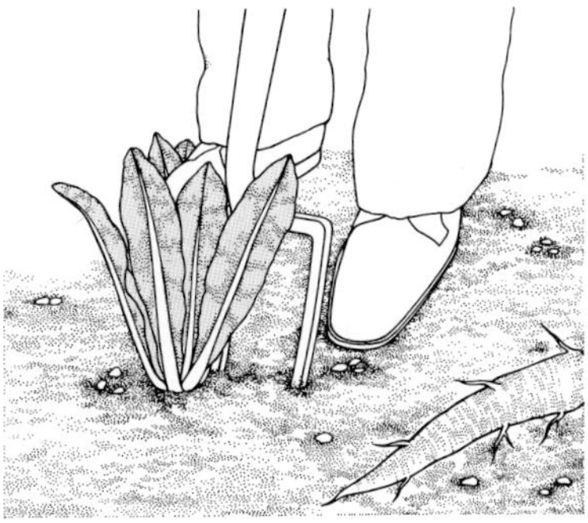

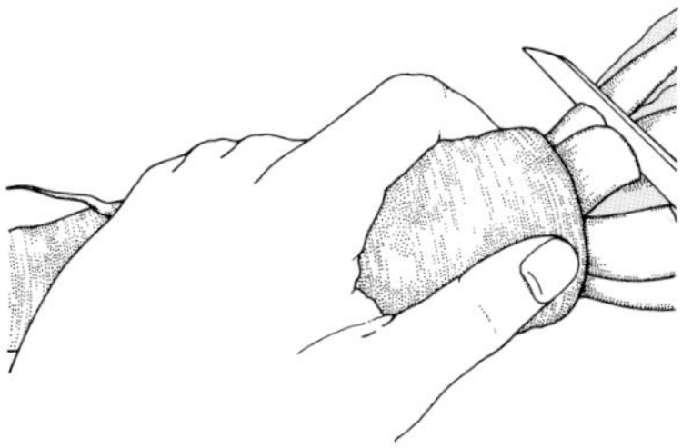

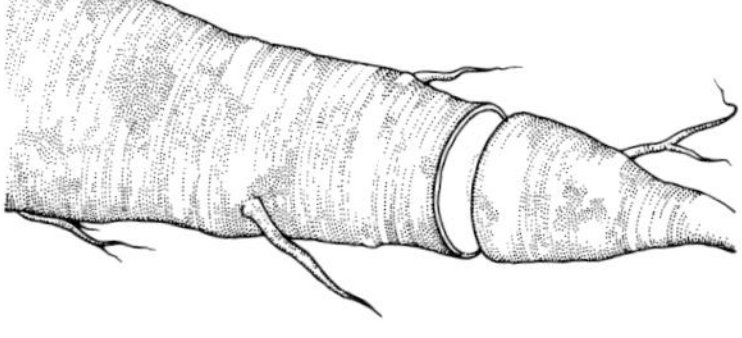

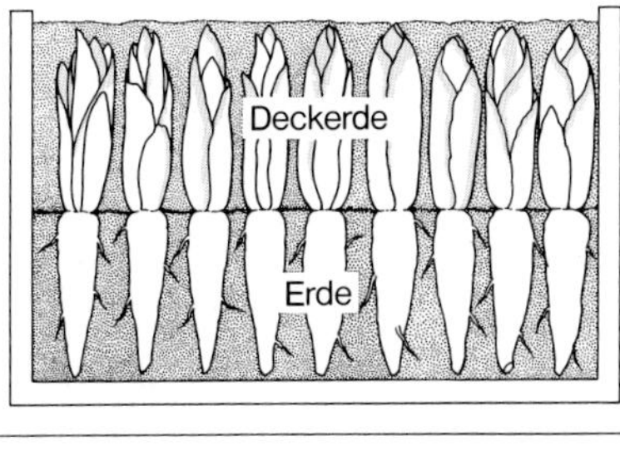

Links: Chicorée kann in Eimern ohne Deckerde getrieben werden. Er wird stattdessen mit Hilfe schwarzer Folie gebleicht.

Rechts: Eine Chrysantheme, die man essen kann.

ser. Vor der Saat streut man 50 g/m² Volldünger. Etwa 8 Wochen danach wird eine Kopfdüngung mit Kalkammonsalpeter (20 g/m²) gegeben. Der Boden wird gelockert und unkrautfrei gehalten.

Ernte, Lagerung: Ende Oktober wird mit Hilfe der Grabgabel geerntet. Die Rüben bleiben noch einige Tage liegen, damit die Wurzeln noch Nährstoffe aus den Blättern aufnehmen können.

Das Laub wird dann etwa 2 cm über dem Rübenkopf abgeschnitten. Wurzeln, die nicht sofort zur Treiberei verwendet werden, schlägt man frostfrei ein (s. Abb. Seite 69).

Treiberei: Die meisten Sorten lassen sich ohne Deckerde treiben. Als Treibgefäße eignen sich Eimer oder mit Folie ausgeschlagene Kisten. Der Boden wird einige Zentimeter hoch mit Kompost oder Torf bedeckt, die Rüben auf gleiche Länge zugeschnitten und dicht aneinander eingeschlichtet. Zwischen die Rüben wird Substrat gefüllt. Die Rübenköpfe werden etwa 2 cm mit Erde bedeckt. Falls der Treibraum nicht völlig dunkel ist, wird das Treibgefäß mit schwarzer Mulchfolie abgedeckt, um eine Bleichung zu erreichen.

Die Treibtemperatur liegt zwischen 10 und 16 °C. Davon ist auch die Treibdauer abhängig. Sie liegt zwischen 4 und 6 Wochen. Es sind bis zu 3 Ernten möglich. Die Qualität der 2. und 3. Ernte ist natürlich nicht mehr so gut, doch noch immer zufriedenstellend. Bei der Ernte wird die »Pfeife« knapp über dem Rübenkopf geschnitten. Die Größe der Pfeife liegt bei etwa 15 cm.

Die Treiberei sollte in kleinen Partien erfolgen, da Chicorée im Gemüsefach des Kühlschranks nur einige Tage haltbar ist (s. Abb. Seite 69 und oben).

Krankheiten, Schädlinge: Hin und wieder kommen Schnecken und Erdraupen vor.

Chrysantheme (Eßchrysantheme)
Chrysanthemum coronarium

Die Chrysantheme ist im fernen Osten zu Hause und erst vor etwa 200 Jahren nach Europa gekommen. In Japan wird die Chrysantheme nicht nur als Zierpflanze verwendet – sie ist dort kaiserliche Wappenblume – sondern auch als Gemüse. Bei dieser Art handelt es sich um eine einjährige Chrysantheme. Im Mittelmeergebiet ist sie verwildert zu finden (s. Abb. rechts).

Verwendung: Die einfachen goldgelben Blüten werden in Teig getaucht und wie Holunderblüten in Öl gebacken. Die jungen Triebe werden gekocht, nach eigenem Geschmack gewürzt und zu vielen Gerichten als Beilage serviert. Als Spinat können sie ebenfalls zubereitet werden. Die Triebe werden vor dem Blütenansatz verwendet. Sind bereits Blüten vorhanden, werden sie bitter. Die Blätter können, fein gehackt, auch an Stelle von Petersilie genommen werden.

Aussaat, Pflanzung: Die Vorkultur der Chrysantheme beginnt ab März. Es wird in Kistchen oder auf Platten gesät und nach dem Aufgang pikiert. Temperaturen um 15 °C sind für die Keimung ausreichend. Die Pflanzung erfolgt von Mitte April bis Anfang Mai. 30 cm Reihenabstand und 10 cm in der Reihe sind ausreichend. Für die Freilandaussaat, die ab Mitte April erfolgen kann, werden die gleichen Abstände gewählt.
Pflege: Chrysanthemen gedeihen auf jedem guten Gartenboden. Eine Düngung ist nicht unbedingt notwendig. Nach dem ersten Schnitt kann eine leichte Kopfdüngung mit 30 g/m^2 Volldünger gegeben werden. Wichtig ist die Wasserversorgung, zu lange Trockenheit behagt ihr nicht. Auf guten Böden erreicht sie Höhen von über 1 m und findet natürlich auch als Zierpflanze ihre Anhänger.
Ernte, Lagerung: Die Triebe werden bei einer Länger von 10 bis 15 cm geschnitten und möglichst rasch verwendet. In Wasser gestellt, lassen sie sich einige Tage frisch halten. Die Blüten erscheinen ab Juli. Sind sie voll erblüht, schneidet und verwendet man sie.
Krankheiten, Schädlinge: Blattläuse.

Fleischkraut ('Zuckerhut')

Cichorium intybus var. *foliosum* 'Zukkerhut'

Wie Endivie stammt auch das Fleischkraut aus der Familie der Zichoriengewächse (s. Abb. Seite 74).
Verwendung: Fleischkraut wird als Salat, aber auch gekocht und gedünstet verzehrt. Die großen Blätter können auch für Rouladen genommen werden.
Aussaat, Pflanzung: Die Aussaat erfolgt in der Hauptsache an Ort und Stelle. Der Reihenabstand beträgt 40 bis 50 cm, in der Reihe wird auf 30 bis 40 cm vereinzelt. Aussaatzeitpunkt ist von Mitte Juni bis Mitte Juli. Zu frühe Saaten bringen zahlreiche Schosser.
Man kann auch direkt in Töpfe oder Anzuchtplatten säen. In jeden Topf kommen einige Samenkörner, der stärkste Keimling wird belassen und später ausgepflanzt.
Pflege: Bei der Pflege kann man sich an die Angaben von Endivie halten. Zukkerhut hält jedoch einige Minusgrade mehr aus.
Ernte, Lagerung: Die Ernte erfolgt ab Mitte Oktober bis in den November. Ohne Wurzeln können die Köpfe mehrere Wochen kühl gelagert werden. Bei einer Lagerung mit Wurzeln geht man wie bei Endivie vor.
Krankheiten, Schädlinge: Zuckerhut ist kaum gegen Krankheiten und Schädlinge anfällig. Ab und zu treten Schnekken und Raupen auf.

Gartenmelde

Atriplex hortensis

Die Gartenmelde war lange vor dem Spinat bekannt. Schon die Griechen und Römer befaßten sich mit der Kultur (s. Abb. Seite 74).
Verwendung: Die Gartenmelde wird wie Spinat zubereitet. Man erntet sowohl die Blattrosetten als auch die Blätter des Blütenstengels. Der Stengel kann in guten Gartenböden bis zu 2 m hoch werden.
Aussaat: Die Gartenmelde kann das ganze Jahr über ausgesät werden. So-

bald der Boden bearbeitet werden kann, wird gesät. Auch eine Herbstaussaat im Oktober für die Frühjahrsernte ist möglich. Der Reihenabstand liegt zwischen 30 und 40 cm, nach dem Auflaufen wird auf 20 cm Abstand in der Reihe vereinzelt.

Pflege: Die Melde gedeiht auf jedem Boden. Auf guten Böden kann eine Düngung unterbleiben. Gute Bewässerung erhält die Blätter zart und weich. Stehen die Pflanzen zu trocken, verhärten die Blätter. Melden darf man nicht zur Blüte und Samenbildung kommen lassen, da der Garten sonst rasch verunkrautet.

Bei Trockenheit kommt es schnell zur Schosserbildung.

Ernte, Lagerung: Sobald die Blattrosetten gut entwickelt sind, beginnt die Haupternte. Beginnt der Stengel durchzutreiben, werden die Blätter laufend abgepflückt. Die Blätter welken sehr rasch, daher ist eine baldige Verarbeitung vorzunehmen. Melde kann wie Spinat eingefroren werden.

Krankheiten, Schädlinge: Blattläuse.

Kapuzinerkresse

Tropaeolum sp.

Die Kapuzinerkresse ist mit zahlreichen Arten von Mexico bis Südamerika beheimatet. Bei uns ist sie zumeist nur als Zierpflanze (Sommerblume) bekannt (s. Abb. Seite 75).

Verwendung: Die Blätter werden als Salat zubereitet, roh oder als Brotbelag verwendet. Die Knospen können als Kapernersatz dienen.

Aussaat, Pflanzung: Die Aussaat erfolgt in klimatisch günstigen Gebieten an Ort und Stelle. Dabei muß es natürlich nicht der Gemüsegarten sein. Da die Kapuzinerkresse rankend wächst, kann sie an Zäunen, am Balkon, in Kistchen usw. gezogen werden. Wichtig ist vor allem ein sonniger Standort. Hier entwickeln sich die Pflanzen am Besten. Im Freiland erfolgt die Aussaat ab Anfang bis Mitte Mai, wenn keine Fröste mehr zu erwarten sind. Pro Legestelle, die etwa 30 cm voneinander entfernt sind, werden 2 bis 3 Korn gelegt.

Eine Vorkultur in Töpfen oder Multiplatten bringt natürlich einen Entwicklungsvorsprung. Die Aussaat erfolgt Anfang April. 3 bis 5 Korn werden je Topf gelegt. Für die Anzucht sind Temperaturen zwischen 15 und 20 °C günstig. Die Pflanzen werden nach Ende der Spätfrostgefahr ausgepflanzt.

Pflege: Kapuzinerkresse ist sehr anspruchslos, eine Düngung ist meist nicht notwendig. Sie gedeiht in jedem guten Gartenboden. Die Bewässerung wird nach Bedarf durchgeführt. Wird die Kapuzinerkresse in Kistchen gezogen, wird einmal in der Woche flüssig gedüngt.

Ernte, Lagerung: Die Blätter werden bei Bedarf geerntet und gleich verarbeitet. Kühl können sie einige Tage gelagert werden.

Krankheiten, Schädlinge: Blattläuse.

Krachsalat (Eissalat)

Lactuca sativa var. *capitata*

Der Krachsalat hat dieselben Ursprünge, wie sie bei Bindesalat (s. Seite 66) beschrieben wurden. Krachsalate sind besondere Sorten des Kopfsalats.

Verwendung: Diese Form des Kopfsala-

Links: Fleischkraut hat eine gute Lagerfähigkeit und ist ein schmackhaftes Gemüse.

Mitte: Kubaspinat kann auch bei niedrigen Temperaturen gezogen werden.

Unten: Die Gartenmelde wird wie Spinat zubereitet.

tes ist inzwischen häufiger zu sehen. Neben der üblichen Zubereitung als Salat ist der Krachsalat für Vorspeisen sehr gut geeignet. Die Blätter sind wesentlich härter als bei Kopfsalat und werden teils auch geschmacklich höher bewertet. Das Sortiment ist schon sehr umfangreich. Es gibt hellgrüne, dunkelgrüne und rotblättrige Sorten und auch Mini-Krachsalat. Die Farbe ist ja auch Geschmackssache.

Aussaat, Pflanzung: Für die erste Freilandauspflanzung etwa Mitte März wird Anfang Februar im Gewächshaus gesät. Nach dem Auflaufen der Sämlinge wird auf 4×4 cm pikiert und ab Mitte März gepflanzt. Im Frühjahr wird eine Pflanzweite von 30×30 cm eingehalten, im Sommer, bedingt durch die stärkere Entwicklung von 40×40 cm. Eine Vorkultur im Gewächshaus oder Frühbeet erfolgt bis Ende März. Ab Ende März kann direkt auf die Freilandbeete gesät werden. Um eine kontinuierliche Salatversorgung zu erreichen, wird im Abstand von 10 Tagen gesät. Witterungsbedingt kann es natürlich vorkommen, daß 2 Sätze gleichzeitig zur Ernte anstehen. Der letzte Aussaattermin im Freiland ist Mitte Juli. Für eine Verfrühung wird beim ersten Pflanztermin mit Folie oder Vlies abgedeckt.

Unten: Es ist zwar ungewöhnlich, Kapuzinerkressse als Gemüse zu verwenden. Die Blätter sind jedoch sehr würzig. Die Samenkapseln können als Kapernersatz verwendet werden.

Für die Frühjahrskultur im Gewächshaus wird bereits Anfang Januar gesät. Die Pflanzung erfolgt Mitte Februar und ab Mitte April kann geerntet werden. Die Nachttemperatur liegt bei 8 °C, tagsüber wird ab 12 °C gelüftet.

Im Herbst ist ebenfalls eine Gewächshauskultur möglich. Es wird Anfang August gesät und Mitte September gepflanzt. Die Ernte erfolgt ab Mitte November. Die Temperaturführung entspricht der Frühjahrskultur. Um Heizkosten zu sparen, werden die Pflanzen über Nacht mit Vlies abgedeckt. Unter Glas und Folie werden die Köpfe lockerer und das Blatt bleibt etwas weicher.

Pflege: Der Krachsalat neigt weniger zur Schosserbildung. Eine ausreichende Bewässerung bringt bessere Ernten. Die Pflanzung erfolgt flach. Bei zu tiefem Setzen ist eine schlechte Kopfbildung die Folge. Vor der Pflanzung gibt man 30 g/m^2 Volldünger. Eine Kopfdüngung ist meist nicht notwendig.

Ernte, Lagerung: Die Ernte erfolgt in den Morgenstunden, wenn die Salatköpfe kühl sind. Krachsalat hält einige Tage im Gemüsefach des Kühlschranks. Durch Einpacken mit Zeitungspapier, Pergamentpapier oder Frischhaltefolie

kann die Haltbarkeit auf etwa 10 Tage verlängert werden. Welke Salatblätter werden wieder frisch, wenn man sie in lauwarmes Wasser legt.
Krankheiten, Schädlinge: Grauschimmel (besonders unter Glas), Salatwelke, Falscher Mehltau, Drahtwürmer, Blattläuse, Schnecken.

Kubaspinat (Winterportulak, Winterpostelein, Indianerspinat, Tellerkraut)
Montia perfoliata

Der zumeist als Winterportulak bezeichnete Kubaspinat ist in Nordamerika zu Hause. Der Name »Indianerspinat« deutet darauf hin. Mit dem eigentlichen Portulak hat er nichts zu tun, zählt aber zur Familie der Portulakgewächse (s. Abb. Seite 74).
Verwendung: Winterportulak wird als Salat gegessen oder auch anderen Salaten, z. B. Endivien, Radicchio oder Zukkerhut, beigemischt. Man kann die Blätter auch roh als Brotbelag essen oder zu Spinat kochen. Blühende Pflanzen können verwendet werden.
Aussaat: Winterportulak kann im Freiland, hier von Frühjahr bis Herbst oder in den Wintermonaten unter Glas gezogen werden. Da wir im Frühjahr und Sommer meist genügend andere Salate zur Verfügung haben, ist die Winterkultur sicher interessanter. Sie kann nicht nur im Gewächshaus, sondern auch in Fenster- oder Saatkistchen erfolgen.
Für die Winterernte erfolgt die Aussaat ab Mitte September und wird bis März fortgesetzt. Der Aussaatabstand beträgt etwa 4 Wochen.
Auf Beeten erfolgt Reihensaat mit einem Abstand von 5 bis 10 cm.
Für die Keimung sind nur geringe Temperaturen notwendig. Sie liegen zwischen 5 und 12 °C. Nach der Keimung werden auch Minusgrade vertragen. Es sind bis zu 7 Schnitte möglich.
Im Freiland wird von April bis Mitte September gesät. Auch hier ist eine mehrmalige Ernte möglich.
Pflege: Der Boden soll möglichst unkrautfrei sein. Eine Düngung ist nicht notwendig. Von den Vorkulturen sind genügend Nährstoffe vorhanden. Für die Kultur in Kistchen kann Fertigerde verwendet werden. Nach jedem Schnitt kann bei Bedarf eine schwache Flüssigdüngung gegeben werden. Bei starker Kälte wird im ungeheizten Gewächs- oder Folienhaus mit Vlies abgedeckt.
Ernte, Lagerung: Die Ernte erfolgt zumeist vor der Blüte. Es kann aber auch mit der Blüte geerntet werden. Winterportulak ist im Gemüsefach des Kühlschranks bis zu einer Woche haltbar.
Krankheiten, Schädlinge: Es sind keine spezifischen Krankheiten oder Schädlinge bekannt.

Löwenzahn (Kuhblume, Butterblume)
Taraxacum officinale

Der Löwenzahn ist in ganz Europa verbreitet. Schon immer wurden im Frühjahr die Blätter für Salate geerntet. Blütenknospen fanden als Kapernersatz Verwendung (s. Abb. Seite 78).
Verwendung: Löwenzahn wird als mehrjährige Kultur oder für die Treiberei angebaut. Die gebleichten Blätter eignen sich besonders gut für Salate.
Aussaat: Es ist für manche natürlich eigenartig, wenn eine Pflanze, die man sonst als Unkraut bekämpft, im Gemü-

segarten ihren Platz findet. Die Aussaat erfolgt von März bis Mai in einem Reihenabstand von 30 cm. Nach dem Aufgang der Saat vereinzelt man auf 25 cm.

Pflege: Löwenzahn ist anspruchslos, doch bringt er auf guten Böden bessere Erträge. Der Bestand wird unkrautfrei gehalten, Blütenknospen bricht man aus. Von September bis Oktober werden die Blätter abgeschnitten. Die Pflanzen werden anschließend zum Bleichen angehäufelt oder mit einem Folientunnel aus schwarzer Mulchfolie überbaut. Bleichung und Ernte sind auch im Frühjahr ab März möglich.

Treiberei: Erfolgt genau wie bei Chicorée (s. Seite 70).

Ernte, Lagerung: Hat man die Reihen angehäufelt, wird geerntet, sobald die Blätter die Erde zu durchstoßen beginnen. Unter dem Folientunnel oder in der Treiberei wird bei einer Blattlänge von 10 bis 15 cm geschnitten. Der Wurzelkopf darf nicht verletzt werden, da auch Löwenzahn 2- bis 3mal geschnitten werden kann. Eine Lagerung ist nicht möglich.

Krankheiten, Schädlinge: Pflanzenschutz ist beim Löwenzahn nicht erforderlich.

Mangold

Beta vulgaris var. *vulgaris*

Mangold ist im östlichen Mittelmeerraum zu Hause und seit dem Mittelalter bekannt. Man unterscheidet zwischen

- Blattmangold (Schnittmangold, Beißmangold) und
- Stielmangold (Stenzelmangold, Rippenmangold, Römischer Kohl, Schweizer Mangold, Römische Bete, Cardonen-Bete) (s. Abb. Seite 78).

Verwendung: Blattmangold wird wie Spinat zubereitet. Stielmangold kann wie Spargel verwendet werden.

Aussaat: Blatt- und Stielmangold werden von April bis Mai ausgesät. Für Blattmangold ist auf Grund der kürzeren Kulturzeit auch noch eine Juni-Aussaat möglich. Für Blattmangold ist ein Reihenabstand von 25 bis 30 cm ausreichend, Stielmangold benötigt 30 bis 40 cm Abstand. Stielmangold wird in der Reihe auf 20 bis 30 cm verzogen, Blattmangold auf 5 bis 10 cm.

Pflege: Mangold gedeiht auf fast jedem Boden. Er verträgt auch Halbschatten und muß daher nicht unbedingt im Gemüsegarten gesät werden. Vor der Saat wird 50 g/m^2 Volldünger als Grunddüngung gegeben. Nach jeder Ernte erfolgt eine Flüssigdüngung mit Volldünger (1 g/l Wasser). Die Beete werden gehackt und unkrautfrei gehalten. Für reichliche Wassergaben ist Mangold sehr dankbar. Sie wirken sich auch günstig auf den Ertrag aus.

Ernte, Lagerung: Blattmangold wird bei einer Blatthöhe von 10 bis 15 cm geerntet. Die Blätter werden mit dem Messer geschnitten. Da die Pflanzen wieder durchtreiben, kann mehrfach geerntet werden.

Stielmangold wird geerntet, wenn die Blätter voll entwickelt sind. Die äußeren Blätter werden nach Bedarf von der Pflanze gebrochen. Eine Lagerung von Stielmangold ist nicht möglich, er kann aber eingefroren werden.

Krankheiten, Schädlinge: Blattfleckenkrankheit, Falscher Mehltau, Rübenfliege.

Unten: Junge Löwenzahnblätter werden aus dem Freiland geerntet oder getrieben.

Rechts: Stielmangold ist nicht nur in dieser Form, sondern auch rotlaubig erhältlich.

Neuseeländer Spinat
Tetragonia tetragonioides
Dieses Gemüse ist von Australien über Neuseeland bis in Japan beheimatet. Es unterscheidet sich vom eigentlichen Spinat durch lange, stark verzweigte, nierderliegende Triebe und dickfleischige Blätter (s. Abb. Seite 79).
Verwendung: Wie der Name schon sagt, werden die Blätter dieser Pflanze als Spinat zubereitet. Sie liefert in den Sommermonaten hohe Erträge.
Aussaat, Pflanzung: Neuseeländer Spinat keimt sehr langsam, daher ist eine Vorkultur empfehlenswert. Gesät wird Anfang April. Um die Keimung zu beschleunigen, wird der Samen einige Stunden in lauwarmem Wasser vorgequollen und in Töpfe oder Platten gelegt (2 bis 3 Korn/Topf). Anfang bis Mitte Mai wird gepflanzt. Der Abstand beträgt 50×50 cm. Häufig wird nur eine Reihe in der Beetmitte gesetzt. Da die Pflanzen eine langsame Jugendentwicklung haben, können die Randreihen noch einige Zeit für Gemüsearten mit kurzer Entwicklungszeit genutzt werden, z. B. Schnittsalat oder Radieschen. Von Mitte April bis Mai erfolgt die Aussaat an Ort und Stelle. Pro Legestelle, die den gleichen Abstand wie bei der Pflanzung haben, werden 3 Korn gelegt.
Pflege: Durch die laufende Ernte von Blättern ist eine gute Nährstoff- und Wasserversorgung notwendig. Vor der Saat oder Pflanzung gibt man 60 g/m^2 Volldünger. Während der Ernte wird flüssig nachgedüngt. Auch hier verwendet man einen Volldünger mit 2 g/l Wasser. Die Kopfdüngung erfolgt im Abstand von 10 bis 14 Tagen.
Ernte, Lagerung: Die Ernte setzt Anfang Juli ein und erfolgt wöchentlich. Man schneidet die Triebspitzen mit 3 bis 5 Blättern oder erntet nur die Blätter. Eine Lagerung ist nur wenige Stunden

Links: Neuseeländer-Spinat steht den ganzen Sommer zur Verfügung. Für die Versorgung eines Haushaltes reichen wenige Pflanzen.

Rechts: Sauerampfer wird häufig wild gesammelt. Es werden aber auch einige Kulturformen angeboten.

möglich. Fallen größere Erntemengen an, wird der Neuseeländer Spinat tiefgekühlt.

Krankheiten, Schädlinge: Blattläuse.

Pflücksalat, Schnittsalat

Lactuca sativa var. *Crispa*

Herkunft und Verwendung sind gleich wie bei Bindesalat oder Krachsalat (Eissalat, s. Seite 66, 73).

Aussaat: Im Handel sind hell- und dunkelgrüne sowie rotblättrige Sorten erhältlich. Auch die Blattform variiert von ganzrandigen Typen bis hin zu Eichenlaub-Typen.

Diese »Eichenlaub-Salate«, besonders die roten Sorten, bringen Farbe und Leben in das Gemüseangebot. Sie werden gern zur Garnierung oder für Mischsalate genommen.

Ab Mitte Februar kann ins Frühbeet oder Gewächshaus gesät werden. Salat braucht bekanntlich geringe Temperaturen zur Keimung. 10° C sind ausreichend. Der Reihenabstand beträgt 25 cm. Bei Schnittsalat wird nicht vereinzelt. Pflücksalat vereinzelt man auf 20 bis 25 cm in der Reihe. Diese Abstände gelten auch für die Freilandaussaat,

die von März bis Juli stufenweise möglich ist.
Pflege: Die Grunddüngung erfolgt mit 30 g/m^2 Volldünger. Während der Ernte wird mit 1 g Volldünger je l Wasser flüssig nachgedüngt. Die Beete werden gehackt und unkrautfrei gehalten.
Ernte, Lagerung: Schnittsalat wird ab einer Blattlänge von 10 cm mit dem Messer geschnitten. Die Wachstumsspitze darf dabei nicht zerstört werden, da sonst kein Durchtrieb mehr erfolgt. Bei Pflücksalat werden die Blätter von der Rosette gepflückt. Im Laufe der Zeit bildet sich ein »Stämmchen«, von dem die Blätter nach Bedarf geerntet werden. Pflück- und Schnittsalat kann nicht gelagert werden.
Krankheiten, Schädlinge: s. Eissalat.

Radicchio (Rosettenzichorie)
Cichorium intybus var. *foliosum*

Die Herkunft ist die gleiche wie bei Chicorée (s. Seite 68). Radicchio ist eine rotblättrige Form der Salatzichorie und vor allem in Italien verbreitet (s. Umschlagfoto).
Verwendung: Radicchio ergibt vorzügliche Salate. Er hat jedoch einen etwas herben Geschmack, der nicht jedem behagt. Legt man die Blätter 2 bis 3 Stunden vor der Zubereitung ins Wasser, wird der Geschmack etwas gemildert. Dabei gehen jedoch Teile der Inhaltsstoffe verloren. Radicchio läßt sich gut mit anderen Blattsalaten mischen. Durch die dunkelrote Farbe eignet er sich auch zum Garnieren. Die Blätter können auch gebacken und paniert werden.
Aussaat: Radicchio wird hauptsächlich ins Freiland gesät. Der Reihenabstand beträgt 30 cm in der Reihe. Nach dem Auflaufen wird auf 20 bis 25 cm Abstand vereinzelt. Aussaatzeit ist Mitte Juni bis Mitte Juli.
Bei einer Vorkultur wird zum selben Zeitpunkt in Kistchen gesät und anschließend in Platten pikiert, da ein guter Wurzelballen zur Verpflanzung notwendig ist.
Die Sorten »Palla Rossa«, »Prima Rossa« und »Roter Ballon« können bei warmer Vorkultur schon ab April angebaut werden. Sie werden mit Topfballen ab Mitte Mai gepflanzt. Für die Vorkultur sind etwa 6 Wochen notwendig.
In klimatisch günstigen Lagen kann Radicchio überwintert werden. Es wird dann Ende Juli gesät. Der Reihenabstand wird auf 25 cm verringert, in der Reihe auf 20 cm Abstand vereinzelt. Winterschutz mit Laub ist angebracht.
Pflege: Wie bei Chicorée (s. Seite 68).
Ernte, Lagerung: Die Ernte erfolgt ab September. Vor stärkeren Frösten werden die erntefähigen Pflanzen mit der Wurzel ausgegraben und im Frühbeet oder Keller eingeschlagen.
Krankheiten, Schädlinge: Schnecken.

Sauerampfer, Gartensauerampfer
Rumex acetosa var. *hortensis*

Der Sauerampfer kommt in ganz Europa vor. Während er in Frankreich als Delikatesse gilt, geht es ihm bei uns ähnlich wie dem Löwenzahn. Ringelnatz hat dem Sauerampfer ein Gedicht gewidmet. Die letzten Zeilen lauten:
Der arme Sauerampfer
sah Eisenbahn um Eisenbahn,
doch niemals Dampfer.

Damit ist auch schon auf die Genügsamkeit dieser Pflanze hingewiesen. Gute Erträge bringt sie aber nur auf guten Gartenböden (s. Abb. Seite 79).

Verwendung: Der Geschmack des Sauerampfers ist ähnlich dem der Brunnenkresse. Die Zubereitung als Salat oder als Bestandteil von Mischsalaten ist am häufigsten. Es lassen sich aber auch aromatische Suppen und Saucen herstellen. Auch roh kann der Sauerampfer gegessen werden.

Aussaat: Sauerampfer wird von April bis Juni an Ort und Stelle gesät. Der Reihenabstand beträgt 25 cm, nach dem Auflaufen wird ebenfalls auf 25 cm Abstand in der Reihe vereinzelt.

Pflege: Wie schon erwähnt, braucht der Sauerampfer gut gedüngte Böden. Vor der Saat gibt man 60 g/m^2 Volldünger. Mit Erntebeginn führt man Kopfdüngungen im Abstand von 14 Tagen durch. Gute Bewässerung trägt zu reichen Ernten bei. Der Boden wird gelokkert und unkrautfrei gehalten. Blütentriebe werden bei Erscheinen ausgebrochen.

Ernte, Lagerung: Sobald die Pflanze 5 Blätter entwickelt hat, wird mit der Ernte begonnen. Die Blätter sollen gepflückt und nicht geschnitten werden, da das Herz leicht verletzt wird. Von einer Ernte bis zur nächsten dauert es längere Zeit. Die Blätter können 1 bis 2 Tage im Gemüsefach des Kühlschranks aufbewahrt werden, günstiger ist aber ein sofortiger Verbrauch.

Krankheiten, Schädlinge: Ampferblattkäfer, Blattläuse, Raupen.

Winterendivie (Endivie, Escariol)
Cichorium endivia

Endivie ist von alters her bekannt und im Mittelmeerraum zu Hause.

Zunehmender Beliebtheit unter den Endivienarten erfreuen sich die Frisée-Endivien. Die feingekrausten Blätter eignen sich zur Dekoration sehr gut. Hat man zuerst den Eindruck, daß diese Frisée-Typen nur einen geringen Ertrag bringen, wird man bei der Ernte und Zubereitung bald eines besseren belehrt. Die feinen Blätter lagern dicht beieinander und ein Kopf ist oft ergiebiger als bei den bekannten Sorten. Außerdem ist der Geschmack feiner und der Gehalt an Bitterstoffen erheblich geringer als bei den üblichen Sorten.

Verwendung: Zumeist wird Endivie als Salat verwendet. In manchen Gebieten wird er mit gekochten Kartoffeln gemischt. Der leicht bittere Geschmack wird dadurch gemildert. Hin und wieder wird er auch gedünstet.

Aussaat, Pflanzung: Für die Freilandkultur erfolgt die Aussaat von Mitte Juni bis Mitte Juli. Es wird entweder an Ort und Stelle oder ins Freilandsaatbeet gesät. Eine Anzucht in Saatkistchen und nachfolgendes Pikieren ist ebenfalls möglich. Gerade bei geringem Platzangebot ist die Vorkultur günstig. Der Reihenabstand bei der Saat oder Pflanzung beträgt 30 cm. In der Reihe wird auf 25 bis 30 cm gepflanzt oder vereinzelt.

Für eine Kultur im Gewächshaus wird von Anfang bis Ende August in Kistchen gesät und anschließend pikiert. Nach 5 bis 6 Wochen erfolgt die Pflanzung in den vorher genannten Abständen.

Pflege: Endivie liebt humosen, tiefgründigen Boden. Zur Entwicklung ist ausreichende Feuchtigkeit notwendig. Als Kopfdüngung werden 30 g/m^2 Volldünger gestreut. Eine Kopfdüngung ist meist nicht notwendig. Sät oder pflanzt man nach Kulturen mit hohem Nährstoffbedarf, die auch gut versorgt wurden, ist eine Düngung nicht notwendig. Während der Kultur wird der Boden gelockert und unkrautfrei gehalten.
Etwa eine Woche vor der Ernte werden die Pflanzen mit Gummiringen oder Bändern zusammengebunden. Dadurch wird das Herz der Pflanze gebleicht. Bei selbstbleichenden Sorten ist dies nicht notwendig. Das Binden erfordert natürlich viel Zeitaufwand. Die Pflanzen können auch einige Tage mit schwarzer Folie abgedeckt werden, um die Bleichung zu erzielen. Endivie hält Fröste bis etwa –5 °C aus. Als Frostschutz wird er mit Vlies abgedeckt. Erfahrungen haben gezeigt, daß mit Vliesabdeckung auch noch tiefere Temperaturen (–8 °C) keine Schäden anrichten. Vlies oder Folie können auch schon früher zur Abdeckung herangezogen werden, wenn die Entwicklung witterungsbedingt verzögert ist und eine Reife nicht zu erwarten ist.
Auch im Gewächshaus ist bei niederen Temperaturen die Abdeckung mit Vlies günstig.
Ernte, Lagerung: Ab September kann mit der Ernte im Freiland begonnen werden. Zuerst wird bei Bedarf geerntet. Mit Beginn der Fröste werden die Beete abgeerntet. Für die Lagerung gibt es mehrere Methoden. Die Köpfe werden ohne Wurzel geerntet und in Steigen geschichtet. Die Pflanzen müssen trocken sein. In den Steigen werden sie in frostfreien Räumen gelagert. Endivie kann auch mit dem Wurzelballen ausgegraben und im Frühbeet frostfrei eingeschlagen werden. Ebenso lassen sich die Pflanzen mit Wurzelballen im Keller auf Folie über einen längeren Zeitraum lagern. Umständlich und arbeitsaufwendig ist das Eintopfen. Es wird aber noch hin und wieder durchgeführt. Beim Anbau im Gewächshaus erfolgt die Ernte ab Mitte November und dauert bis in den Januar. Hier wird bei Bedarf geerntet.
Krankheiten, Schädlinge: Grauschimmel, Falscher Mehltau, Läuse, Wurzelläuse, Schnecken.

Stielgemüse

Bleichsellerie, Schnittsellerie

Apium graveolens var. *dulce, A. graveolens* var. *secalinum*

Der Sellerie ist im Mittelmeergebiet ebenso wie in Nordeuropa zu Hause. Als Heilpflanze war er bereits den Griechen bekannt. Man unterscheidet zwischen Knollen-, Bleich- und Schnittsellerie. Bleichsellerie ist vor allem in England und den USA sehr beliebt.
Verwendung: Die Stiele des Bleichsellerie eignen sich sehr gut als Rohkost. Man beträufelt sie dazu mit Zitronensaft. Als Salate können sie roh und gekocht verwendet werden. Auch gebakkene Stiele sollen sehr schmackhaft sein.
Schnittsellerie wird als Würze für Suppen, Salate und Saucen verwendet.

Durch geschickte Sortenwahl kann Knollenfenchel das ganze Jahr kultiviert werden. Auch ein Anbau unter Glas ist möglich.

Aussaat, Pflanzung: Sellerie kann bereits ab Februar im Gewächshaus ausgesät werden. Für Bleich- und Schnittsellerie ist ein Anzuchttermin Ende März bis Anfang April ausreichend, da keine Knollenbildung zu erwarten ist.

Selleriesamen ist sehr fein. Zur Keimung sind Temperaturen um 18 bis 20° C notwendig. Tiefere Werte bringen schlechte Keimergebnisse. Liegen die Temperaturen im Jungpflanzenstadium unter 15° C, kommt es zur Schosserbildung. Die Aussaat erfolgt in Kistchen. Der Samen wird nur ganz fein mit Erde oder Sand bedeckt. Nach dem Auflaufen wird auf 6 × 6 cm Abstand pikiert. Wenn die Pflanzen 5 bis 6 echte Blätter gebildet haben, wird gepflanzt. Der Reihenabstand liegt zwischen 30 und 40 cm. In der Reihe wird auf 20 bis 25 cm Abstand gepflanzt. Gelegentlich wird auch in 10 bis 15 cm tiefe Furchen gepflanzt, die später zugeschüttet werden, um die Stiele zu bleichen.

Schnittsellerie wird bei der Anzucht wie Bleichsellerie behandelt. Er kann etwas enger gepflanzt werden, 20 × 20 cm sind ausreichend.

Pflege: Nährstoffreiche Böden sind Voraussetzung für gute Erträge. Sellerie ist für organische Düngergaben dankbar. Stallmist wird im Herbst gegeben. Vor der Pflanzung kommen 60 g/m^2 Volldünger in den Boden. 6 bis 8 Wochen danach wird eine Kopfdüngung von 30 g/m^2 gegeben.

Bodenlockerung und Bewässerung sind wichtig. Wurde in Furchen gepflanzt, werden diese ab Juli in zeitlichen Abständen zugehäufelt. Bei Normalpflanzung werden die Stiele 4 bis 6 Wochen vor der Ernte zusammengebunden und mit schwarzer Folie umwickelt. Es werden aber immer mehr selbstbleichende Sorten angeboten, bei denen diese Maßnahmen nicht notwendig sind.

Ernte, Lagerung: Vom Bleichsellerie werden entweder Blattstiele abgenom-

men oder die ganze Pflanze geerntet. Vor Eintritt der Fröste muß abgeerntet werden. Bei Temperaturen knapp über 0 °C kann einige Wochen gelagert werden. Einfrieren ist möglich, die Verwendung ist dann aber auf Kochzwecke beschränkt.
Schnittsellerie wird nach Bedarf geerntet. Die Blätter können eingefroren oder getrocknet werden.
Krankheiten, Schädlinge: Blattflekken, Sellerierost, Blattläuse, Minierfliege.

Knollenfenchel (Gemüsefenchel, Finocchio, Bologneser Fenchel, Römischer Fenchel)
Foeniculum vulgare var. *azoricum*

Diese Gemüseart ist in Vorderasien und im Mittelmeerraum beheimatet. Schon im Altertum wurde Fenchel verwendet. Er diente als Arznei und als Küchengewürz. Man unterscheidet Gewürz- und Knollenfenchel (s. Abb. Seite 83).
Verwendung: Fenchel wird gerne roh gegessen bzw. sein Saft ausgepreßt und getrunken. So kommen die Vitamine und Mineralstoffe voll zur Geltung. Manchmal wird er als Nachspeise an Stelle von Obst gereicht. Des weiteren kann er gebraten, gedünstet, gegrillt usw. werden. Sowohl zu Fleisch- als auch Fischgerichten passend.
Aussaat, Pflanzung: Knollenfenchel kann im Gewächshaus bei niedrigen Temperaturen kultiviert werden. Hauptsächlich wird er jedoch im Freiland angebaut. Da die Tageslänge die Blütenbildung beeinflußt, ist die Sortenwahl wichtig. Für den Ganzjahresanbau eignet sich 'Zefa Fino'.
Freiland: Für den Freilandanbau ist die Direktsaat (Reihensaat) die herkömmliche Methode. Der Reihenabstand liegt bei 40 cm, in der Reihe wird auf 20 bis 25 cm Abstand vereinzelt.
Ab Anfang April kann die Aussaat von 'Zefa Fino' beginnen. Der Boden soll sich bereits gut gesetzt haben. Zur Beschleunigung der Keimung wird mit Folie oder Vlies abgedeckt. Dieser frühe Termin soll nur in milden Gebieten (Weinbaulagen) gewählt werden. Spätfröste führen sonst zu Ausfällen. Zur gleichmäßigen Versorgung werden Stufensaaten im Abstand von 2 bis 3 Wochen durchgeführt. Ab Mitte Juni bis Mitte Juli werden die übrigen Sorten gesät. In Frühfrostlagen soll der Anbau nicht zu spät durchgeführt werden. Die Knollen müssen sonst bei Frostgefahr zu früh geerntet werden.
Eine andere Anbaumöglichkeit ist die Pflanzung ins Freiland. Die Anzucht der Jungpflanzen erfolgt ab Anfang März im Gewächshaus. Die günstigste Keimtemperatur liegt bei 20 °C. Danach sind 15 °C ausreichend. Nach dem Aufgang wird auf 4×4 cm Abstand pikiert. Die Pflanzung erfolgt Mitte April. Es wird mit Folie oder Vlies abgedeckt. Es darf nicht zu tief gepflanzt werden, sonst sind kleine, flach und länglich geformte Knollen das Ergebnis. Man sieht bei den Jungpflanzen aber schon deutlich den Knollenansatz, der über der Erde bleiben muß.
Gewächshaus: Die Aussaat für den Gewächshausanbau erfolgt Mitte Februar. Es wird pikiert (s. oben) und Anfang April ausgepflanzt. Die Minimumtemperatur wird auf 10 °C gehalten. Mitte bis Ende Mai wird geerntet.

Eine Spätkultur ist auch möglich. Die Ausaat erfolgt dann im August bis September. Ab November kann geerntet werden.

Pflege: Knollenfenchel ist sehr wasserbedürftig. Gerade bei beginnender Knollenbildung ist darauf zu achten, da die Knolle sonst holzig wird. Trockenheit kann auch zur Schosserbildung führen.

Neben der Grunddüngung mit 60 g/m² Volldünger wird etwa 6 Wochen nach der Saat eine Kopfdüngergabe mit der halben Menge verabreicht. Durch Anhäufeln können die Knollen gebleicht werden.

Ernte, Lagerung: Am einfachsten ist es, die Pflanzen samt Wurzel aus der Erde zu ziehen. Danach werden Wurzeln und Blätter entfernt.

Die zarten Laubblätter kann man zum Würzen verwenden. Man trocknet oder friert sie ein. Die Knollen sind vor Eintritt von Frösten zu ernten. Kurzfristig können sie mit Laub abgedeckt und so geschützt werden. Im Gemüsefach des Kühlschranks sind sie bis zu 4 Wochen haltbar. Tiefkühlen ist möglich.

Krankheiten, Schädlinge: Falscher Mehltau, Blattläuse, Schnecken.

Fruchtgemüse

Aubergine (Eierfrucht, Melanzani)

Solanum melongena

Die Aubergine stammt aus Ostindien. Sie soll erst im 17. Jahrhundert nach Europa gekommen sein, manchmal werden aber auch frühere Zeitpunkte genannt. Heute ist sie vor allem in Italien und Griechenland verbreitet. Die Früchte sind in Form und Farbe unterschiedlich. Am häufigsten sind violette Sorten im Anbau. Es gibt jedoch auch weiß- und gelbfrüchtige. Diese werden häufig als Topfpflanzen kultiviert und im Handel angeboten.

Verwendung: Speziell in der griechischen und italienischen Küche werden häufig Auberginen verwendet. Man bereitet damit Vor-, Haupt-, und Nachspeisen zu. Sie lassen sich gut mit Fleisch füllen und in Scheiben geschnitten dünsten oder panieren.

Aussaat, Pflanzung: Auberginen werden im Gewächshaus, Folientunnel und Freiland gezogen. Sie haben etwas höhere Temperaturansprüche als Tomaten. Sie sollen daher nur dort im Freien gepflanzt werden, wo auch Tomaten gedeihen.

Freiland: Für die Pflanzung im Freiland wird die Aussaat Mitte März vorgenommen. Die optimale Keimtemperatur liegt zwischen 20 und 25° C. Nach der Keimung wird in Kistchen auf 8×8 cm Abstand oder in Töpfe pikiert.

Das Auspflanzen erfolgt nach Ende der Frostgefahr im Mai. Der Reihenabstand beträgt 70 cm, in der Reihe wird auf 50 cm Abstand gepflanzt. Sehr gut hat sich die Pflanzung auf Mulchfolie bewährt. Die Verwendung von Tomatenhauben ist ebenfalls günstig.

Gewächshaus: Für die Pflanzung im ungeheizten Gewächshaus oder Folientunnel wird Mitte Februar bis Anfang März gesät. Die Pflanzung erfolgt Mitte bis Ende April. Ab Juni kann geerntet werden.

Für die Kultur im beheizten Gewächshaus wird bereits Ende Januar gesät und

Links: Blühende Auberginen unter Glas. Zwischen den Reihen ist eine Kleedecke eingesät.

Unten: Patison, eine Kürbisform, auch als »fliegende Untertasse« bezeichnet.

Mitte April gepflanzt. Die Ernte setzt etwa Mitte Mai ein. Da die Entwicklung der Pflanzen im Gewächshaus stärker ist, wählt man einen Reihenabstand von 1 m. Als Zwischenkultur können Salat, Kohlrabi und Radieschen verwendet werden.

Pflege: Humoser, nährstoffreicher Boden, Wärme und genügend Feuchtigkeit sind entscheidend für den Kulturerfolg. Vor der Pflanzung werden 80 g/m^2 Volldünger gestreut. Bei Verwendung von Mulchfolie wird die Düngermenge auf 100 g erhöht, da das Wachstum stärker und eine Nachdüngung etwas schwierig ist. Bei Blühbeginn und dann im Abstand von 3 bis 4 Wochen werden Kopfdüngergaben verabreicht. Am günstigsten sind hier flüssige Düngergaben mit Volldünger (2 g/l Wasser).

Die Pflanzen müssen an Stäben aufgeleitet werden. Im Gewächshaus kann dies auch an Schnüren geschehen. Im Freiland zieht man sie meist eintriebig, im Gewächshaus häufig 2- bis 3triebig. In diesem Fall werden die Pflanzen gestutzt. Beim Stutzen sollen die Pflanzen bereits blühen (s. Abb. oben).

Ernte, Lagerung: Die Früchte werden mit einem Messer oder einer Gartenschere abgeschnitten, wenn sie voll ausgefärbt sind. Nur dann haben sie das richtige Aroma. Kühl gelagert sind die Früchte etwa 2 Wochen haltbar. Sie können auch eingefroren werden.

Krankheiten, Schädlinge: Welkekrankheit, Blattläuse, Weiße Fliege, Spinnmilben.

Chayote (Schuschu, Chouchou)
Sechium edule

Diese Pflanze, die zu den Kürbisgewächsen zählt, hat ihre Heimat in Brasilien. Sie wurde schon von den Azteken kultiviert und wird heute außerdem in Westindien, Kalifornien und Westafrika angebaut (s. Abb. Seite 87).

Chayote gedeiht unter unseren Klimabedingungen nur unter Glas. Die Befruchtung muß von Hand vorgenommen werden.

Verwendung: Die birnenförmigen Früchte werden bis zu 1 kg schwer und etwa 15 bis 20 cm lang. Sie enthalten einen Kern, der entfernt wird. Die halbierten Früchte werden mit Fleisch oder Fisch gefüllt und überbacken. Chayote kann auch in Suppen verwendet werden; sie werden mitgekocht und püriert. Weitere Verwendungsmöglichkeiten sind als Salat, in Obstsalaten und in Mischungen mit anderen Gemüsen gegeben.

Neben der Frucht können auch die jungen Triebe geerntet und wie Spargel zubereitet werden. Die Wurzeln lassen sich ebenfalls nutzen. Im 2. Jahr verdikken sich Seitenwurzeln, die wie Kartoffeln zubereitet werden. Einjährige Seitenwurzeln können ebenfalls als Spargelersatz verwertet werden.

Aussaatz, Pflanzung: Schwieriger als die Kultur selbst ist es, an Samen zu kommen. Die Früchte enthalten nur einen Samenkern, der nur in der Frucht keimt. Hin und wieder wird Chayote importiert und ist in Spezialitätengeschäften erhältlich. Auch in botanischen Gärten oder in Versuchsanstalten wird sie ab und zu angebaut. Hier kann man vielleicht auch Früchte ergattern. Eine Aussaat im üblichen Sinn gibt es nicht. Man legt die Früchte an einen hellen und warmen Platz (etwa 20 °C). Nach einiger Zeit erscheint ein Trieb. Wenn dieser etwa 20 cm lang ist, wird die junge Pflanze eingetopft. 1/3 bleibt über der Erde, die sehr nährstoffreich sein soll. Mischungen aus 3 Teilen Komposterde und 1 Teil Torf können selbst hergestellt werden. Fertigerden mit Tonanteil sind ebenfalls günstig.

Pflege: Chayote wird das ganze Jahr unter Glas oder als Topf- und Kübelpflanze gezogen. Sie rankt sehr stark und die Triebe können bei guter Pflege zwischen 5 und 10 m Länge erreichen. Die Anzucht beginnt, sobald Früchte zu erhalten sind. Meist werden sie von Spätherbst bis ins Frühjahr importiert.

Wie schon erwähnt, benötigen Chayote eine nährstoffreiche Erde. Als Pflanzgefäße eignen sich Töpfe oder Kübel mit mindestens 5 l Inhalt. Die Pflanzen benötigen eine Kletterhilfe. Man spannt entsprechend Schnur oder Draht, kann sie aber auch an einem Gitter ranken lassen. Zuerst erscheinen männliche Blüten, die in Gruppen angeordnet sind. Weibliche Blüten entwickeln sich später und stehen einzeln. Bei der Befruchtung muß nachgeholfen werden. Man schneidet männliche Blüten ab und bringt den Pollen auf die Narbe der weiblichen Blüten. Vom Eifer des Kulti-

vateurs hängt daher der Ertrag ab. In den Anbauländern erreicht man Ernten zwischen 3 und 500 Früchten pro Pflanze und Jahr. Diese Zahl ist bei uns sicher nur bei optimaler, d. h. auch energieaufwendiger Kultur möglich, aber nicht erstrebenswert. Wer möchte schon täglich das gleiche essen?
Um gute Erträge zu erzielen, muß natürlich reichlich gedüngt werden. 1- bis 2mal in der Woche gibt man einen Flüssigdünger, egal ob in Gefäßen kultiviert wird oder ausgepflanzt wurde. Während der Ertragszeit soll die Temperatur nicht unter 15 °C absinken. Bei der Überwinterung sind auch 10 bis 12 °C möglich. Die Pflanzen werden dann zurückgeschnitten und trockener gehalten. Will man die Überwinterung nicht durchführen, hebt man einfach einige der zuletzt geernteten Früchte auf und beginnt im Frühjahr wieder mit der Kultur. Bei dieser Methode muß man natürlich auf die Ernte der Triebe und Wurzeln verzichten. Die Wurzelernte ist auch nur möglich, wenn in Grundbeeten und nicht in Gefäßen kultiviert wird.
Ernte, Lagerung: Die Früchte werden bei einer Größe zwischen 10 und 20 cm von der Pflanze genommen. Man erntet sie bei Bedarf, sie sind jedoch bei kühler Lagerung einige Wochen haltbar.
Krankheiten, Schädlinge: Rote Spinne, Weiße Fliege.

Gemüsekürbis, Speisekürbis
Cucurbita pepo, C. maxima

Der Kürbis stammt aus Mittelamerika und wird in vielen Formen kultiviert. Er dient als Nahrungs- und Futtermittel und ist auch ein Öllieferant. Viele Arten dienen auch zu Zierzwecken. Für uns sind nur die Gemüsekürbisse und der Speisekürbis interessant.

Gemüsekürbis (Gartenkürbis)
Cucurbita pepo
Zu den Gemüsekürbissen zählen u. a. Patison, Zucchini, Spaghettikürbis, Öl- und Zierkürbis. Es gibt rankende Formen, z. B. Spaghettikürbis, und Buschtypen, z. B. Zucchini.
Verwendung: Gemüsekürbisse lassen sich auf unterschiedlichste Art und Weise verwenden und zubereiten.
Patison: Die Früchte erinnern an fliegende Untertassen (s. Abb. Seite 86). Sie werden in Scheiben geschnitten, gedünstet oder paniert als Beilage serviert bzw. für Gemüseplatten verwendet. Bis zu einem Durchmesser von 20 cm müssen Patison nicht geschält werden.
Zucchini: Zucchini werden vom Blühstadium bis zur vollen Größe in der Küche verarbeitet. Man muß mit den kleinen Zucchini vorsichtig umgehen, damit die Blüten nicht beschädigt werden. Die Blüten werden mit einer Farce (Füllung aus Fleisch oder Fisch) gefüllt. Die Zucchini werden roh gegessen. Kleinere Früchte werden wie Patison zubereitet, größere kann man füllen und gratinieren. Entweder werden die Zucchini der Länge nach halbiert oder in etwa 4 cm starke Scheiben geschnitten. Das Kerngehäuse wird entfernt und die Zucchini mit Hackfleisch gefüllt und im Rohr überbacken.
Spaghettikürbis: Die ganzen Kürbisse werden gekocht und anschließend halbiert. Durch das Kochen zerfällt das Kürbisfleisch in nudelartige Bänder und

wird als Beilage mit verschiedenen Saucen serviert.
Ölkürbis: Im Süden von Österreich, in Jugoslawien und Ungarn werden Kürbisse zur Ölgewinnung angebaut. Diese Art, sie ist in der Steiermark entstanden, bildet Kerne ohne Schalen aus. Die dunkelgrünen Kerne werden zu einem hochwertigen Speiseöl gepreßt, das man hauptsächlich für die Salatzubereitung verwendet. Die Kerne können, wie Erdnüsse geröstet und gesalzen, auch als Knabberkerne verwendet werden. Auch in der Bio-Kost finden sie Verwendung.
Aussaat, Pflanzung: Hauptsächlich wird ins Freiland gesät. Eine Vorkultur ist aber möglich. Hier geht man wie bei Gurken vor. Im Freiland wird ab Mitte Mai gesät. Mulchfolie ist hier ebenfalls vorteilhaft. Bei Buschtypen wird ein Abstand von 60×60 cm bis 80×80 cm gewählt. Pro Legestelle kommen 2 bis 3 Korn. Bei rankenden Typen beträgt der Reihenabstand 1,50 bis 2 m. In der Reihe ist der Abstand 60 bis 80 cm.
Pflege: Die Ansprüche entsprechen denen der Gurke (s. Seite 90).

Speisekürbis (Riesenkürbis)
Cucurbita maxima
Die Pflanzen ranken sehr stark und können im Gemüsegarten oft nur schwer gebändigt werden. 2 m Reihenabstand ist oft zu wenig. Man kann sie am Fuß des Komposthaufens säen oder pflanzen, wenn die Lage sonnig genug ist. Der Speisekürbis bildet gewaltige Früchte, die über 50 kg schwer werden können. Das Fleisch ist sehr schmackhaft und kann auch gegrillt werden. Auch Kürbiskompott schmeckt gut.
Aussaat, Pflanzung, Pflege: Wie bei Gemüsekürbis.
Ernte, Lagerung: Sobald die Pflanzen zusammenbrechen, erfolgt die Ernte. Die Kürbisse können einige Tage aufbewahrt werden. Das Fleisch eignet sich auch zum Einfrieren, es wird aber nicht blanchiert.
Krankheiten, Schädlinge: Da der Kürbis aus derselben Familie wie Gurken stammt, können dieselben Krankheiten auftreten. Kürbis ist aber robuster, meist kommt es nur zu einem Befall mit Echtem Mehltau. Er tritt meist im Laufe des August auf, wenn die Hauptentwicklung bereits beendet ist. Eine Bekämpfung ist daher nicht notwendig.

Gurke
Cucumis sativus

Afrika und Indien sind die Heimatgebiete der Gurke. Sie zählt zu den ältesten Kulturpflanzen und ist seit etwa 3 000 Jahren im Anbau. Auf ägyptischen Tempelbildern sind Darstellungen zu finden, und auch als Grabbeigaben wurden die Gurken verwendet. Wir kultivieren die Gurken im Gewächshaus, im Folientunnel, im Frühbeet und im Freiland.
Verwendung: Wir unterscheiden zwischen Salatgurken, Einlegegurken und Schälgurken. Salatgurken dienen nicht nur zur Herstellung von Salaten, man kann aus ihnen auch Gurkensuppe zubereiten. Dazu werden die Gurken gemixt, passiert, mit Sahne verrührt und mit Fleischbrühe aufgegossen. Salatgurken können auch wie Schälgurken zu Senf- oder polnischen Gurken verarbeitet werden. Sie werden mit verschiede-

Die Schlangenhaargurke ist sehr starkwüchsig.

nen Gewürzen in Essig eingelegt und schmecken hervorragend zu kalten Platten.

Einlegegurken können als Essig-, Gewürz- oder Salzgurken eingelegt werden. Übergroße Einlegegurken sind auch zur Salatzubereitung heranzuziehen.

Anbau im Freiland: Salat-, Einlege- und Schälgurken werden ab Mitte Mai gesät. Der Boden soll eine Temperatur von 12° C erreicht haben. Die Keimung erfolgt dann rasch und es besteht weniger Gefahr für den Keimling, von Krankheiten oder Schädlingen befallen zu werden. Im Freiland ist die Kultur auf Mulchfolie am erfolgreichsten und wird daher fast ausschließlich in dieser Form durchgeführt. Der Reihenabstand liegt je nach Wüchsigkeit der Sorten bei 1,50 bis 2 m. In der Reihe wird auf 30 cm Abstand gesät.

Vor dem Legen der Folie streut man 80 g/m^2 Volldünger und arbeitet ihn leicht ein. Der Boden darf nicht trocken sein, da unter der Folie nur schwer bewässert werden kann. Die Ausnahme ist natürlich die Tröpfchenbewässerung, die unter der Folie verlegt wird (s. Seite 30).

Pro Legestelle sät man 3 Korn, alle aufgegangenen Pflanzen verbleiben.

Pflege: Die Reihen werden unkrautfrei gehalten und der Boden gelockert. Gleichzeitig mit der Gurkenaussaat können in die Zwischenräume noch Radieschen gesät oder Salat gepflanzt werden. So kann die Fläche bis zum Schließen der Reihen besser genutzt werden.

Bei Blühbeginn erfolgt eine Kopfdüngung. Zwischen der Folie wird 30 g/m^2 Volldünger gestreut. Da die Gurken ein sehr weitverzweigtes Wurzelsystem bilden, haben sie zum Blühbeginn diese Fläche schon durchwurzelt. Ab diesem Zeitpunkt ist auch besonders auf eine gute Bewässerung zu achten. Die Früchte bestehen bekanntlich zu einem hohen Prozentsatz aus Wasser.

Einlegegurken können im Freiland auch als Spalier gezogen werden. Der Reihenabstand verringert sich dann auf 1 m, in der Reihe bleibt er gleich. Für diese Anbaumethode eignen sich besonders die warzigen Sorten. Das Gitter hat eine Höhe von 1,20 m. Im Abstand von 3 m werden Holzpflöcke in den Boden geschlagen und das Gitter daran befestigt. Von Zeit zu Zeit sollte man kontrollieren, ob die Pflanzen auch gut ranken.

Anbau im Frühbeet: Für die Gurkenkultur wird ein gepacktes Frühbeet verwendet. Die Deckerde soll eine Höhe von 25 cm haben. Die Aussaat erfolgt ab

Auch die Blüte der Schlangenhaargurke ist attraktiv.

Anfang März. Es werden Freilandsorten verwendet. Die optimale Keimtemperatur liegt zwischen 22 und 25 °C. Die Aussaat erfolgt in Töpfen von 10 bis 12 cm Durchmesser. Die Töpfe füllt man halbvoll mit Erde und legt pro Topf ein Korn. Wenn die Keimblätter über den Topfrand hinausgewachsen sind, füllt man den Topf mit Substrat auf. Dadurch wird eine verstärkte Wurzelbildung gefördert, denn an diesem Stengelteil bilden sich Adventivwurzeln. Mitte April wird gepflanzt. Je Frühbeetfenster setzt man eine Pflanze. Es kann auch direkt ins Frühbeet gesät werden. Pro Fenster legt man 3 Korn und läßt den stärksten Keimling stehen.

Pflege: Das Frühbeet wird in der Nacht mit Strohmatten oder Noppenfolie zugedeckt, denn die Temperatur sollte möglichst hoch bleiben. Bei Temperaturen im Frühbeet über 25 °C wird gelüftet. Dies muß zu Kulturbeginn vorsichtig geschehen, denn die jungen Pflanzen sind sehr empfindlich. Ab Juni können die Fenster ganz entfernt werden. Im Frühbeet ist eine Nachdüngung kaum notwendig. Durch den Stallmist sind genügend Nährstoffe vorhanden. Überdüngung kann zu Blütenendfäule der jungen Früchte und damit zu Ertragseinbußen führen.

Anbau im Gewächshaus, Folientunnel: Für das ungeheizte Gewächshaus und den Folientunnel beginnt die Aussaat im März und kann bis Anfang April durchgeführt werden. Man geht dabei vor, wie beim Frühbeet beschrieben. Gepflanzt wird von Mitte April bis Ende Mai. Dies hängt vom Aussaattermin ab. In der Reihe wird auf einen Abstand von 50 cm gepflanzt. Der Reihenabstand liegt bei 1 m. Im Kleingewächshaus kommt man aber mit wenigen Pflanzen aus, so daß der Reihenabstand für uns weniger Bedeutung hat.

Auch im Gewächshaus wird der Gurke noch gerne eine »Stallmistpackung« gegeben. Die Pflanzreihe wird auf Spatentiefe und in einer Breite von etwa 40 cm ausgehoben. In diesen Graben wird Stallmist gefüllt. Darüber kommen etwa 30 bis 40 cm Erde, ein kleiner Hügel entsteht. Auf diesen Hügel wird gepflanzt. Eine weitere Düngung ist auch hier kaum notwendig. Ist kein Mist vorhanden, wird wie üblich gepflanzt.

Die Aussaat für beheizte Kulturräume erfolgt von Februar bis März. Gepflanzt wird in den gleichen Abständen wie oben erwähnt. Die Pflanzung beginnt Mitte März und endet Mitte/Ende April. Die Nachttemperatur soll nicht unter 15 °C absinken. Bei niedrigeren Temperaturen kommt es zu Wachstumsstockungen. Wenn schon Früchte vorhanden sind, werden diese häufig abgestoßen oder es kommt zur Krüppelbildung. Dies passiert auch im Freiland bei niedrigen Temperaturen.

Pflege: Wie schon erwähnt, lieben Gurken hohe Temperaturen und ausreichend Wasser. Lockere, humusreiche Böden werden bevorzugt. Im Freiland

sind Stallmistgaben im Herbst von Vorteil. Ist kein Mist vorhanden, gibt man 80 g/m^2 Volldünger vor der Saat oder Pflanzung. Kopfdüngungen werden bei Blühbeginn und dann im Abstand von 3 Wochen gegeben. 30 g/m^2 Volldünger sind ausreichend.
Zur Wachstumsbeschleunigung und gleichzeitigen Bodenabdeckung verwendet man auch im Gewächshaus häufig Mulchfolie. Eine Mulchung mit organischem Material (Rasenschnitt) wird häufig durchgeführt und hat sich gut bewährt.
Im Gewächshaus werden die Gurken an Schnüren oder Gittern aufgeleitet, die an der Gewächshauskonstruktion oder an einem gespannten Draht befestigt sind. Das untere Ende bindet man knapp über der Erde um die Pflanze. Die Schnur muß dem Stengel dabei viel Spiel lassen, damit er bei fortschreitendem Dickenwachstum nicht eingeschnürt wird. Die Pflanzen können dadurch absterben. Die Triebe windet man immer um die Schnur und die Pflanze bekommt so ihren Halt.
Salatgurken unter Glas müssen geschnitten werden. Das klingt zuerst etwas eigenartig, aber sie würden sonst zu stark wuchern und die Fruchtqualität wäre auch negativ beeinflußt. Bis 50 cm über dem Boden werden alle Blätter, Blüten und Seitentriebe entfernt. Den Haupttrieb läßt man bis zum Spanndraht oder Gewächshausdach wachsen und entspitzt ihn dann. Die Seitentriebe am Stamm werden nach der 1. Blüte (Frucht) eingekürzt. Es bilden sich sowohl am Haupttrieb als auch an den Seitentrieben Früchte. Am Ende des Haupttriebes läßt man 2 Seitentriebe in ihrer Entwicklung ungestört (Seitentriebe 1. Ordnung). Die Seitentriebe 2. Ordnung werden auch hier nach der 1. Blüte gekürzt. Diese Schnittmethode hat sich in der Praxis gut bewährt und sichert hohe Erträge.
Manchmal werden die Gurken 2triebig gezogen. Die Pflanzen werden dazu nach dem 4. Blatt entspitzt und 2 Seitentriebe V-förmig aufgeleitet. Die weitere Schnittbehandlung erfolgt wie oben beschrieben.
Einlegegurken werden selten im Gewächshaus gezogen. Es entfallen auch die Schnittmaßnahmen. Die Pflanzen werden am besten auf Gittern gezogen.
Ernte, Lagerung: Je nachdem, ob man Einlege-, Schäl- oder Salatgurken kultiviert, sind auch die verschiedenen Erntetermine zu beachten.
Einlegegurken: Im Freiland ist Anfang Juli Erntebeginn. Geerntet wird jeden 2. oder 3. Tag. Bei diesen Ernteabständen erhält man gut sortierte Gurken.
Gurken unter 3 cm Länge werden als »Cornichons« bezeichnet. Bei der Ernte im Abstand von 2 Tagen beträgt der Anteil von Gurken in der Größe von 3 bis 9 cm 50 bis 60 %. Die Größe hat aber keinen Einfluß auf den Geschmack.
Einlegegurken sollen möglichst rasch verarbeitet werden. In einem kühlen Raum können sie 1 bis 2 Tage gelagert werden, dürfen aber auf keinen Fall nach der Ernte gewaschen oder überbraust werden. Die Gurken beginnen innerhalb kurzer Zeit zu faulen. Werden sie zu lange gelagert, verlieren sie ihre Festigkeit und sind nicht mehr knackig.
Schälgurken: Schälgurken werden geerntet, wenn sich die Schale gelb zu

färben beginnt. Sie werden hauptsächlich zu Senfgurken verarbeitet. Man schneidet sie der Länge nach durch, schält sie und entfernt das Kerngehäuse. Dann werden sie würfelig geschnitten und mit verschiedenen Gewürzen in Essig konserviert. Die Lagerung entspricht der bei Einlegegurken.

Salatgurken: Freilandgurken werden wöchentlich geerntet. Im Gewächshaus ist die Ernte bei gutem Fruchtbesatz fortlaufend möglich. Im Gemüsefach des Kühlschranks sind die Salatgurken bis zu einer Woche haltbar. Freilandgurken müssen auf Grund ihrer festeren Schale vor der Verwendung geschält werden. Bei Gewächshausgurken ist dies nicht notwendig. Man kann die Gurken auch tiefkühlen. Dazu werden sie salatfertig hergerichtet und eingefroren. Sie sind nach dem Auftauen aber wesentlich weicher als frische Gurken.

Krankheiten, Schädlinge: Welkekrankheiten, Grauschimmel, Echter Mehltau, Falscher Mehltau, Spinnmilben (Rote Spinne), Weiße Fliege.

Kapstachelbeere
Physalis peruviana

Die Heimat der Kapstachelbeere ist in Südamerika. Im 19. Jahrhundert wurde sie am Kap der guten Hoffnung eingeführt. In diesem Gebiet wird sie auch heute noch kultiviert. Die Kapstachelbeere ist mit unserer Lampionblume *(Physalis alkekengi)* verwandt, die als Zierpflanze häufig in unseren Gärten anzutreffen ist, weil sie mit ihren roten Lampions so wirkungsvoll ist.

Verwendung: Die Kapstachelbeere läßt sich auf Grund ihres süßsäuerlichen Aromas für Kompotte und Marmeladebereitung verwenden. Auch roh schmecken sie vorzüglich und sind sehr erfrischend. Für Tortenbelag und Obstsalate eignen sie sich ebenfalls ausgezeichnet.

Aussaat, Pflanzung: Ab Ende März erfolgt die Aussaat im Glashaus oder im Frühbeet. Nach den Auflaufen werden die Sämlinge in Töpfe (8 cm) oder Multiplatten pikiert. Ab Mai, wenn die Spätfrostgefahr zu Ende ist, pflanzt man auf einen Abstand von 80×80 cm ins Freiland.

Es besteht auch die Möglichkeit, die Kapstachelbeere in Kübeln zu ziehen. Für diesen Zweck werden Gefäße mit 10 l Inhalt verwendet. Fertigerden oder eigene Erdmischungen aus Kompost- oder Gartenerde mit Torf im Verhältnis 1:1 sind geeignet. Natürlich kann auch im Gewächshaus weiter kultiviert werden.

Pflege: Da die Kapstachelbeere zur gleichen Familie gehört wie die Tomate, sind auch die Bodenansprüche etwa gleich. Nur hat sie nicht diesen hohen Düngerbedarf wie die Tomate. Während des Wachstums wird der Boden gelockert und die Pflanze auch angehäufelt. Die Triebe werden mit einem Stab gestützt. Für gleichmäßige Feuchtigkeit muß gesorgt werden. Eine Mulchdecke mit Torf oder Rasenschnitt bringt Vorteile. (s. Seite 34).

Ernte, Lagerung: Die Blüte setzt im Juli ein, mit den ersten Früchten ist ab Anfang bis Mitte August zu rechnen. Die Reife ist an der Verfärbung und am Eintrocknen der Hüllblätter zu erkennen. Kühl gelagert halten die Früchte, die bis zu 2 cm Durchmesser erreichen, einige

Tage. Bei der Lagerung werden sie in der Hülle belassen.
Krankheiten, Schädlinge: Krankheiten treten selten auf. Es können die gleichen Schädlinge wie bei Tomaten vorkommen.

Mais (Kukuruz)
Zea mays
Mais stammt aus Amerika und soll, wie manches andere, von Kolumbus nach Europa gebracht worden sein. In verschiedenen Ländern ist Mais ein wichtiges Grundnahrungsmittel. Die Körner werden zu Mehl oder Maisgrieß vermahlen und aus den Keimen gewinnt man ein hochwertiges Speiseöl. Bei uns kennt man Mais vorwiegend als Futtermais für die Tierfütterung. In den letzten Jahren hat jedoch der Zuckermais, auch Speise- oder Gemüsemais genannt, stärker Eingang in unsere Gärten gefunden (s. Abb. rechts).

Zuckermais
Zea mays var. *saccharata*
Bei Zuckermais handelt es sich um Sorten mit besonders hohem Zuckergehalt.
Verwendung: Die Kolben werden in Salzwasser gekocht und anschließend mit Butter bestrichen. Dann werden die Maiskörner abgeknabbert. Auch über Holzkohle gegrillt schmeckt Zuckermais ausgezeichnet. Die Körner können auch abgelöst werden. Dann nimmt man sie für Gemüsesuppen, Mischgemüse, Beilagen und Salate. Die Körner können auch eingefroren werden.
Aussaat, Pflanzung: Wir unterscheiden weiß- und gelbkörnige Sorten. Ende April bis Mitte Juni wird in Stufen ausgesät. Der Reihenabstand beträgt 60 bis 80 cm. Nach dem Auflaufen wird auf 15 cm Abstand vereinzelt. Zur Beschleunigung der Keimung ist bei den frühen Aussaaten eine Abdeckung mit Folie oder Vlies empfehlenswert. Wenn die Pflanzen etwa 10 cm hoch sind, wird die Abdeckung abgenommen.
Für frühe Ernten ist eine Vorkultur möglich. In Töpfe oder Saat-Platten werden je Topf 2 Korn gelegt. Die Anzuchtgefäße werden im Gewächshaus aufgestellt. Der schwächere Keimling wird entfernt.
Mit der Vorkultur wird Ende März bis Anfang April begonnen. Ende April wird auf die oben angegebenen Abstände ausgepflanzt.
Pflege: Mais bevorzugt einen sonnigen, windgeschützten Standort. Der Boden soll humusreich und tiefgründig sein. Kalte Lehmböden sind ungünstig. Mais muß auch nicht unbedingt im Gemüsegarten stehen, sondern kann entlang des Zaunes oder als Trennung zu anderen Gartenteilen stehen. Für Stallmistgaben im Herbst ist Mais dankbar. Vor der Saat oder Pflanzung werden 50 g/m^2 Volldünger leicht eingearbeitet. Ist der Mais etwa 30 cm hoch, wird er angehäufelt und auch gleichzeitig eine Kopfdüngergabe mit 30 g/m^2 Kalkammonsalpeter gegeben.
Ernte, Lagerung: Die Ernte von Zuckermais erfolgt im Stadium der Milchreife. Wenn die seidigen Fäden, die weiblichen Blütenorgane, braun und welk werden, ist dieses Stadium erreicht. Zur Kontrolle werden die Lieschen (Hüllblätter) an der Kolbenspitze geöffnet. Die Körner müssen voll entwickelt sein und einen leichten Druck mit dem Fingernagel erwidern.

Zuckermais bereichert das Gemüseangebot. Weiß- und gelbkörnige Sorten werden angeboten.

Die Lagerung der Kolben ist etwa 2 Wochen im Gemüsefach des Kühlschranks möglich. Die Kolben werden nicht entliescht.
Krankheiten, Schädlinge: Maiszünsler, Fritfliege, Vogelfraß (nach der Saat).

Minimais
Minimais wird für Sauerkonserven verwendet. Aussaat und Pflege entsprechen den Angaben bei Zuckermais. Es werden für Minimais in der Regel Zukkermaissorten ausgewählt, aber auch die Verwendung von Silomaissorten ist möglich. Die Ernte erfolgt, wenn die Narben 2 bis 3 cm aus dem Kolben herausschauen. Der Kolben hat dann eine Länge von 10 bis 12 cm. Nach dem Entlieschen werden die Kolben wie Einlegegurken konserviert. Minimais läßt sich auch zusammen mit anderen Gemüsearten, wie Paprika, Pfefferoni, Zwiebel und Gurken, einlegen. Da er keinen ausgeprägten Geschmack hat, wird immer der Geschmack der anderen Gemüseart dominieren.

Melone (Zuckermelone, Wassermelone)
Cucumis melo, Citrullus lanatus var. *caffer*

Die Melone dürfte über weite Teile Asiens und Afrikas verbreitet gewesen sein. Schon bei den alten Ägyptern war sie in Kultur. Heute wird sie hauptsächlich im Mittelmeerraum kultiviert.
Es wird zwischen Zuckermelonen *(Cucumis melo)* und Wassermelonen (*Citrullus lanatus* var. *caffer*) unterschieden. Wassermelonen haben größere Früchte, stellen aber auch höhere Temperaturansprüche. Die Kultur der beiden Arten ist im Freiland nur in klimatisch günstigen Lagen möglich (Weinbauklima) und nur mit Mulchfolie.
Verwendung: Wassermelonen haben grüne Schalen und rotes Fruchtfleisch.

Unten: Zuckermelonen werden unter Glas aufgeleitet. Nach dem 3. bis 4. Blatt wird entspitzt.

Die Befruchtung kann mit den männlichen Blüten vorgenommen werden.

Im Freiland werden die Triebe gleichfalls entspitzt. Die kräftigsten breitet man gleichmäßig aus. Kleinste und größte Früchte werden entfernt. Geerntet wird mit dem Messer.

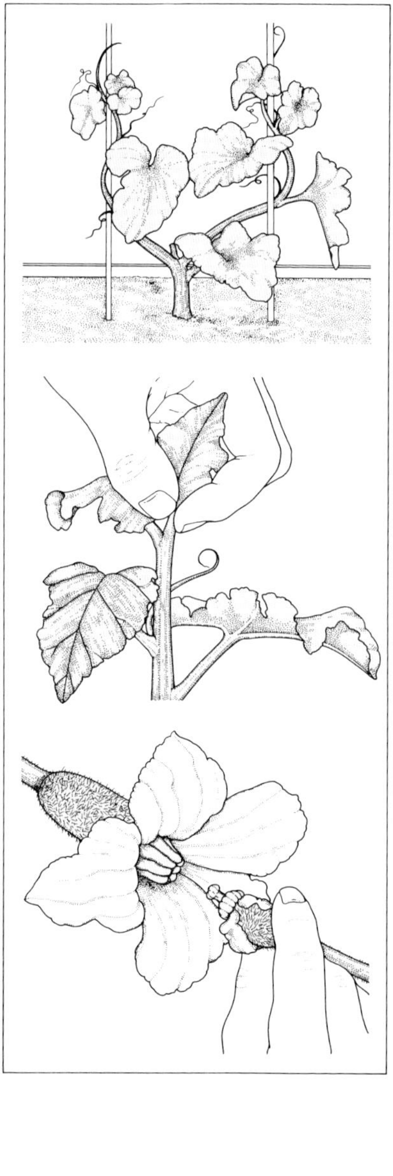

Sie werden zur Erfrischung zwischendurch gegessen, aber auch als Nachspeise serviert. Sie sind sehr kernreich. Bei den Zuckermelonen unterscheiden wir Sorten mit glatter, grüner Schale (Honigmelonen) und netzartiger Schale (Netzmelonen). Zuckermelonen serviert man oft als Vorspeise mit geräuchertem oder luftgetrocknetem Fleisch (Bündner Fleisch) oder als Nachspeise. Man kann sie auch mit Weinbrand oder anderen alkoholischen Getränken impfen. Mit einer Einwegspritze wird dazu an mehreren Stellen der Melone die »Impfung« durchgeführt. Beide Arten schmecken am besten kühl. Man legt sie daher einige Stunden vor dem Verzehr in den Kühlschrank.

Aussaat, Pflanzung: Wie schon erwähnt, haben Melonen hohe Temperaturansprüche. Sie liegen noch höher als bei Gurken. Daher ist bei der Freilandkultur eine Anzucht vorteilhaft. Die Aussaat erfolgt Mitte April bei Temperaturen von 22 bis 25 ° C. Man geht wie bei der Gurkenanzucht vor. Ausgepflanzt wird von Mitte bis Ende Mai. Der Reihenabstand liegt zwischen 1,20 und 1,50 m. In der Reihe wird auf 50 bis 80 cm Abstand gepflanzt. Ein Überbauen mit einem niedrigen Folientunnel bis Ende Juni bringt weitere Wachstumsvorteile. An Sonnentagen muß aber gut gelüftet werden.

Für die Kultur im Gewächshaus wird Ende März bis Anfang April ausgesät. Die Pflanzung erfolgt Ende April. Im Gewächshaus werden die Triebe auf Gitter aufgeleitet (s. Abb. rechts).

Im warmen Frühbeet kann ebenfalls zu diesem Zeitpunkt gepflanzt werden. Pro Fenster setzt man eine Pflanze.

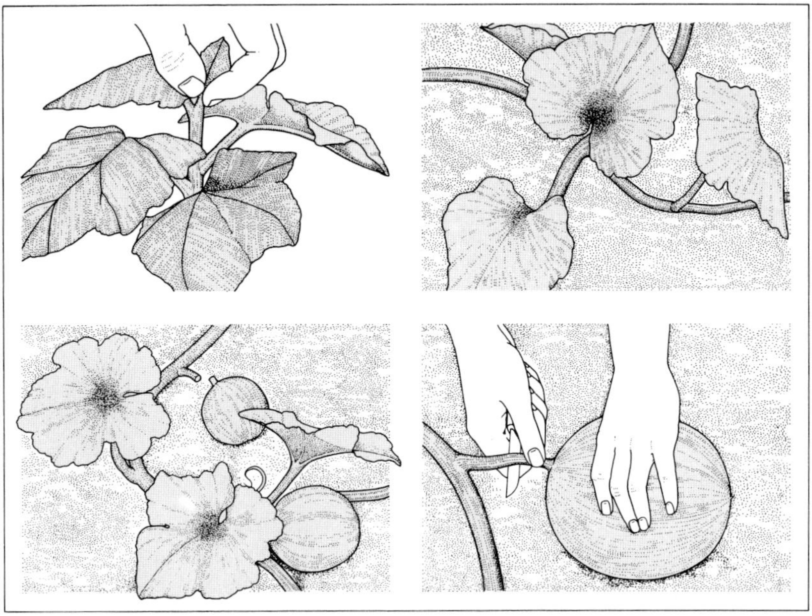

Pflege: Melonen lieben einen warmen, lockeren, tiefgründigen Boden. Die Nährstoffansprüche sind etwas geringer als bei Gurken. Vor dem Legen der der Mulchfolie gibt man 60 g/m^2 Volldünger. Die Gassen zwischen den Reihen hält man unkrautfrei und lockert den Boden regelmäßig. Zu Blühbeginn wird eine Kopfdüngung von 30 g/m^2 Volldünger gegeben. Ein Schnitt wird bei Zuckermelonen im Freiland nicht durchgeführt. Wassermelonen dürfen nicht geschnitten werden, da sich die Früchte an den Triebenden bilden.
Bei der Gewächshauskultur von Zuckermelonen erfolgt dagegen ein Schnitt. Die Pflanze wird nach dem 3. bis 4. Blatt entspitzt (s. Abb. links). Es bilden sich 3 bis 4 Seitentriebe 1. Ordnung. Diese werden nach dem 5. bis 6. Blatt entspitzt. An den nun entstehenden Trieben 2. Ordnung bilden sich die weiblichen Blüten. Wenn die Melonen nach der Befruchtung etwa Nußgröße erreicht haben, werden die Triebe 2 Blätter oberhalb der Frucht eingekürzt.
Die Befruchtung durch Insekten ist im Gewächshaus nicht immer zufriedenstellend. Hier kann man etwas nachhelfen. Mit einem feinen Pinsel wird der Blütenstaub der männlichen Blüten auf die Narbe der weiblichen übertragen. Eine andere Möglichkeit ist, die männlichen Blüten abzuschneiden und die Blütenblätter zu entfernen. Die Staubgefäße werden dann direkt auf die Narbe gebracht (s. Abb. links).
Melonen benötigen ebenfalls reichliche Wassergaben, an kühlen Tagen unterläßt man die Bewässerung jedoch besser, da die Wurzeln empfindlich sind.
Ernte, Lagerung: Melonen sollen an der Pflanze ausreifen. Der Erntezeitpunkt läßt sich an dem süßlichen Duft erkennen. Des weiteren werden die Früchte um den Stengel rissig und lassen sich auch an dieser Stelle leicht eindrücken.

In dieser Größe ist Okra erntereif.

Bei Wassermelonen gibt es keine äußeren Merkmale für die Reife. Die Früchte haben einen hohen, hellen Klang, wenn man sie beklopft. Melonen, die im Herbst nicht mehr ausreifen, kann man, wie Tomaten, im Haus nachreifen lassen.
Krankheiten, Schädlinge: Es treten dieselben Krankheiten und Schädlinge wie bei Gurken auf (s. Seite 93)

Okra (Gombo)
Abelmoschus esculentus

Okra stammt aus dem tropischen Zentralafrika und zählt zur Familie der Hibiscusgewächse. In Asien und Amerika wird Okra schon lange als schmackhaftes Gemüse geschätzt (s. Abb. rechts).
Verwendung: Okra wird zumeist gekocht oder gedünstet. Die Frucht läßt sich gut mit anderen Gemüsen, z. B. Tomaten und Zwiebeln, mischen. Knoblauch wird ebenfalls bei der Zubereitung verwendet. Die Schoten lassen sich auch füllen oder zu Salaten beigeben. Vor der Verwendung werden sie in Essig-Salz-Wasser gekocht. Danach läßt man sie auf einem Sieb abtropfen. Durch diese Maßnahme wird der unerwünschte Schleim abgesondert.
Aussaat, Pflanzung: Okra zählt ebenfalls zu den wärmeliebenden Pflanzen. Die Kultur ist der von Paprika oder Tomaten ähnlich. Mitte März erfolgt die Aussaat bei einer Temperatur von 20 ° C. Sind die Keimblätter entwickelt, wird eingetopft. Töpfe mit 10 cm Durchmesser sind ausreichend. Einige Tage nach dem Topfen, wenn die Durchwurzelung begonnen hat, wird die Temperatur auf 15 ° C abgesenkt. Mitte Mai wird ausgepflanzt. Der Reihenabstand beträgt 80 cm, in der Reihe wird auf einen Abstand von 50 cm gepflanzt. Die Verwendung von Mulchfolie ist möglich und in kühleren Gebieten ratsam.
Für die Pflanzung im Gewächshaus wird bereits Ende Februar ausgesät. Die Pflanzung erfolgt Ende April. Im Gewächshaus benötigen die Pflanzen eine Stütze. Entweder werden sie gestäbt oder man spannt an beiden Seiten der Pflanzreihe Draht.
Pflege: Okra liebt warmen, humosen Boden und gute Nährstoffversorgung. Im Herbst wird Stallmist gegeben. Vor der Pflanzung gibt man 50 g/m^2 Volldünger. Ab Blühbeginn erfolgen Kopfdüngergaben mit 20 g/m^2 Volldünger. Der Abstand der Düngergaben liegt bei 3 Wochen. Auch bei Okra ist eine gute Wasserversorgung wichtig.
Ernte, Lagerung: Die Entwicklung der Früchte geht sehr rasch vor sich. Vom

Die Okra-Blüte erinnert an die Zierformen des Eibisch (Hibiscus).

Blühbeginn bis zur Ernte dauert es nur einige Tage. Die Früchte werden bei einer Größe von etwa 10 cm geschnitten. In diesem Zustand sind die Kerne noch weich und können mitgegessen werden. Alle 2 bis 3 Tage wird geerntet. Im Gemüsefach liegt die Haltbarkeit bei 4 bis 5 Tagen. Größere Mengen, die nicht sofort verbraucht werden, friert man ein.
Krankheiten, Schädlinge: Blattläuse, Spinnmilben.

Paprika (Gemüsepaprika, Spanischer Pfeffer)
Capsicum annuum

Paprika ist in Mittel- und Südamerika zu Hause. Die Frucht, botanisch gesehen eine Beere, ist in Form und Farbe unterschiedlich. Die Farben variieren von hell- bis dunkelgrün, rot und gelb. Wobei rote und gelbe Sorten zuerst ebenfalls grüne Früchte haben und erst im Reifestadium die endgültige Farbe bekommen. Dadurch verlängert sich auch die Kultur gegenüber grünen Sorten und ist bei uns nur im Gewächshaus oder Folientunnel möglich (s. Abb. Seite 7).
Verwendung: Die am meisten bekannten Arten der Zubereitung sind Salate und gefüllte Schoten. Rote und gelbe Paprikasorten werden auch gerne in Essig eingelegt. Die »Schoten« werden dazu in Streifen geschnitten, konserviert und auch mit anderen Gemüsen gemischt. Paprika werden auch häufig mit Sauerkraut gefüllt und eingelegt. Dazu verwendet man meist die tomatenfrüchtigen Sorten. Zusammen mit Tomaten wird Letscho zubereitet und auch auf Pizzas findet man Paprika. Rote Sorten können auch getrocknet und zu Pulver vermahlen werden.
Aussaat, Pflanzung: Der Anbau lohnt sich eigentlich nur im Folientunnel oder im Gewächshaus. Nur in besonders warmen Gebieten sind die Freilanderträge zufriedenstellend.
Für den Gewächshausanbau wird Mitte Februar ausgesät. Die Temperatur sollte zwischen 20 und 25 °C liegen, wobei der höhere Wert vorzuziehen ist. Sind die Keimblätter entwickelt, pikiert man auf 6×6 cm Abstand oder in Töpfe. Die Temperatur kann nun auf 18 °C gesenkt werden. Gepflanzt wird Mitte April mit einem Reihenabstand von 40 bis 60 cm, in der Reihe beträgt der Abstand 40 bis 50 cm. Im Gewächshaus benötigen Paprika ebenso wie Okra eine Stütze.
Für die Freilandkultur wird Anfang bis Mitte März ausgesät. Die Pflanzung erfolgt Mitte bis Ende Mai. Der Pflanzabstand beträgt 40×40 cm bis 50×50 cm.
Pflege: Der Boden soll locker, tiefgründig und nicht zu schwer sein. Stallmistgaben sind günstig. Vor der Pflanzung werden 60 g/m^2 Volldünger gestreut. Mit den Kopfdüngergaben setzt man bei der Blütenbildung ein. 30 g/m^2 Volldünger werden im Abstand von 3 Wochen gegeben.
Etwa 3 Wochen nach der Pflanzung

wird angehäufelt. Auch hier geht es um die Verbesserung der Standfestigkeit und die Bildung von Adventivwurzeln.
Ernte, Lagerung: Sobald die Früchte ihre volle Größe oder sortentypische Farbe erreicht haben, wird geerntet. Da die Triebe sehr brüchig sind, muß bei der Ernte vorsichtig vorgegangen werden. Bleiben die Früchte zu lange auf der Pflanze, läßt sie Blüten und kleine Früchte häufig fallen.
Paprika kann einige Tage in kühlen Räumen oder im Kühlschrank gelagert werden. Eine sofortige Verwendung ist aber günstiger. Paprika haben eine sehr gute Tiefkühleignung.
Krankheiten, Schädlinge: Welkekrankheiten, Grauschimmel, Sonnenbrand (durch Wassertropfen auf der Frucht verursacht), Blattläuse, Spinnmilben.

Pfefferoni (Pepperoni)

Pfefferoni gibt es in zahlreichen Sorten. Die meisten sind sehr scharf und werden daher zum Würzen genommen. Die Schärfe kann einen schon zum Schwitzen bringen. Auf das Brennen im Mund wirkt trockenes Brot mildernd, Getränke verschärfen es nur.
Pfefferoni werden in Essig oder Öl eingelegt oder für Gemüsemischungen verwendet. Die anderen Gemüse nehmen dann die Schärfe an. Pfefferoni werden auch getrocknet und in Stücken oder gemahlen als Gewürz verwendet. In vielen asiatischen Gerichten finden sie so Verwendung und geben einem das Gefühl eines Flammenwerfers.
Die Kultur wird wie bei Paprika angegeben durchgeführt.

Schlangenhaargurke (Schlangengurke)
Trichosanthes cucumerina var. *auguina*

Die Schlangenhaargurke ist in Ostasien zu Hause und dort ein beliebtes Gemüse. In Afrika wird sie ebenfalls in größerem Umfang kultiviert (s. Abb. Seite 90).
Verwendung: Die Früchte werden als Kochgemüse verwendet und werden in Scheiben oder auch würfelig geschnitten in Salzwasser gekocht. Anschließend können die Früchte mit Saucen zubereitet und als Beilage verwendet werden.
Aussaat, Pflanzung: Die Aussaat erfolgt von April bis Anfang Mai bei Temperaturen von etwa 20 bis 22 °C. Im Prinzip verfährt man wie bei den Salatgurken (s. Seite 90). Am günstigsten ist die Anzucht in Töpfen. Die Pflanzung erfolgt im Gewächshaus oder im Folientunnel. Eine Weiterkultur in Säcken oder Gefäßen ist selbstverständlich auch hier möglich.
Pflege: Wie alle Kürbisgewächse benötigt die Schlangenhaargurke einen humosen, durchlässigen Boden. Eine gute Nährstoffversorgung ist selbstverständlich wichtig. Um einen besseren Wachstumserfolg zu erzielen, ist die Pflanzung auf Mulchfolie zusätzlich empfehlenswert. Die Pflanze klettert sehr stark und wird an Schnüren, Drähten oder Gittern aufgeleitet. Schnittmaßnahmen sind nicht notwendig. Als Grunddüngung gibt man etwa 50 g/m^2 Volldünger, ab Blühbeginn wird wöchentlich flüssig gedüngt. Bei der Kultur auf Mulchfolie kann man die Grunddüngung auf 80 g/m^2 erhöhen.

Die zarten weißen Blüten sind sehr attraktiv und bieten eher den Eindruck einer Zierpflanze. Die Gurkenfrüchte werden über einen Meter lang und sind im Verhältnis zur Länge sehr schlank. Meistens wachsen sie nicht gerade, sondern verdrehen sich schlangenartig.
Lagerung, Ernte: Die Gurken werden in unreifem, grünen Zustand geschnitten und können einige Tage aufbewahrt werden.
Krankheiten, Schädlinge: Rote Spinne, Weiße Fliege.

Schwammgurke (Luffa)
Luffa aegyptica

Luffa wird heute in der ganzen Welt kultiviert. Die jungen Früchte und Sprossen werden gekocht. Die reifen Früchte läßt man liegen und trocknen. Es entsteht dadurch ein schwammartiges Gewebe. Dieses wird von der Haut befreit und als Badeschwamm, für Einlegesohlen und als Filter für technische Zwecke verwendet.
Verwendung: Die jungen Früchte werden gekocht und als Beilage für Fleischgerichte verwendet. Die jungen Sprossen kann man ähnlich wie Spargel zubereiten.
Aussaat, Pflanzung: Die Aussaat erfolgt von Anfang April bis Mitte Mai (s. Seite 90). Sind die Pflanzen entsprechend entwickelt, wird auf einen Abstand von 50 bis 60 cm ausgepflanzt. Auch Luffa kann nur im Gewächshaus oder Folientunnel kultiviert werden.
Pflege: Bodenansprüche und Pflegemaßnahmen sind entsprechend wie bei Schlangenhaargurke durchzuführen. Luffa rankt sehr stark, die Triebe können bis zu 15 m Länge erreichen. Ein entsprechendes Rankgerüst ist daher vorzubereiten. Die Triebe können natürlich nach Wunsch geleitet werden.
Ernte, Lagerung: Die unreifen, grünen Früchte werden geerntet. Sie können bis zu 50 cm Länge erreichen und sollten möglichst rasch verwendet werden. Die Sprossen erntet man, solange die Blätter noch nicht entfaltet sind.
Krankheiten, Schädlinge: s. Schlangenhaargurke.

Tomaten (Paradeiser, Paradiesapfel, Liebesapfel)
Lycopersicon lycopersicum

Die Heimat der Tomate ist Mittel- und Südamerika. Nach Deutschland kam sie erst um die Jahrhundertwende, hat sich aber in den Gärten dann rasch verbreitet.
Wir unterscheiden nach der Wuchsform zwischen Busch- und Stabtomaten, wobei die Stabtomaten weiter verbreitet sind. Nach der Fruchtform unterscheiden wir runde, gerippte (Fleischtomaten) und längliche (San Marzano-)Sorten. Dazu kommen noch die Cocktail- oder Obsttomaten, die kleine aromatische, süße bis säuerliche Früchte haben (s. Abb. Seite 102).
Verwendung: Tomaten werden roh gegessen, zu Salaten verarbeitet, sie werden gefüllt auf kalten Platten serviert. In Alufolie gewickelt kann man sie grillen und als Beilage servieren. Für Pizzas und Letscho werden sie ebenso verwendet wie für Suppen und Saucen. Cocktailtomaten legt man in Essig. Die Früchte werden dazu vorher kurz blanchiert und geschält. Auch grüne Toma-

Cocktail-Tomaten mit reichem Fruchtansatz. An manchen Fruchttrauben werden über 50 Früchte gebildet.

ten, die im Herbst nicht mehr ausreifen, kann man in Essig einlegen.
Bei einer »Überproduktion« ergibt sich noch die Möglichkeit, Ketchup oder Chutney herzustellen. Chutney ist eine Mischung aus Gemüsen und Obst. Wer einmal Ketchup selbst zubereitet hat, wird den ausgesprochen guten Geschmack nicht mehr missen wollen. Industrieketchup zerstört nur das Aroma von feinen Gerichten.
Aussaat, Pflanzung: Die Freilandkultur von Tomaten ist nur in klimatisch bevorzugten Gebieten mit Erfolg durchzuführen. In diesem Fall wird Ende März bis Anfang April ausgesät. Zur Keimung sind mindestens 20 bis 22° C einzuhalten. Die Keimlinge werden auf 7×7 cm Abstand pikiert oder eingetopft. Die Temperatur kann anschließend auf 16 bis 18° C gesenkt werden. Mitte Mai erfolgt das Auspflanzen. Stabtomaten werden mit 80 cm Reihenabstand und 50 cm Abstand in der Reihe gepflanzt. Buschtomaten benötigen einen geringeren Abstand, 60×40 cm sind ausreichend. Buschtomaten zieht man vorzugsweise auf Mulchfolie oder auf Stroh, um die Früchte vor Fäulnis und Verschmutzung zu schützen, da ein Teil der Früchte auf dem Boden aufliegt. Die Pflanzen werden tiefer gesetzt, als sie im Pikierkistchen oder Topf standen. Die Stützstäbe gibt man am besten gleich bei der Pflanzung.
Für das kalte Gewächshaus oder den Folientunnel wird Mitte März gesät und Ende April gepflanzt. Wird beheizt, kann die Aussaat Mitte bis Ende Februar erfolgen. Die Pflanzung wird Anfang bis Mitte April vorgenommen. Die Pflanzabstände entsprechen denen des Freilandanbaus. Die Nachttemperatur wird bei 16° C gehalten, am Tag wird bei 22 bis 25° C gelüftet.
Pflege: Warme, sandige Lehmböden werden von Tomaten bevorzugt. Speziell im Freilandanbau ist die Bodenbeschaffenheit wichtig. Auch Stallmistgaben im Herbst wirken sich auf die Kultur günstig aus. Vor der Pflanzung werden 80 g/m^2 Volldünger gegeben. Ab Juli erfolgen im Abstand von 2 bis 3 Wochen Kopfdüngergaben mit Volldünger (30 g/m^2). Ab der Blüte ist auf eine gleichmäßige Bewässerung zu achten. Die Fruchtentwicklung wird dadurch wesentlich gefördert und auch die Entstehung von Schalenrissen verhindert. Diese Risse oder Platzer entstehen durch abwechselnde Trockenheit und starke Wasserzufuhr. Die Bewässerung soll auch nicht über den »Kopf« der Pflanzen erfolgen, da dies ebenfalls zu Rissen führt. Besonders leicht platzen die Früchte der Obsttomaten-Sorten.

Die Früchte des Tomatenbaums hängen immer zu dritt an der Pflanze. Die Schale wird nicht gegessen. Samen kann zum weiteren Anbau entnommen werden.

Im Gewächshaus oder Folientunnl erhalten Stabtomaten eine Stütze oder werden, wie bei der Gurke beschrieben, an Schnüren aufgeleitet. Stabtomaten müssen auch entgeizt werden, d. h., die Triebe, die in den Blattachseln entstehen, werden ausgebrochen. Geiztriebe läßt man nicht länger als 10 cm werden, da sie sonst Mindererträge verursachen. Nach Bildung der 5. bis 6. Blütentraube (im Freiland) werden die weiteren Blütentrauben entfernt oder der Haupttrieb gestutzt, da mehr Früchte nicht zur Reife kommen. Im unbeheizten Gewächshaus kann man 7 bis 8 Blütentrauben belassen. In beheizten Kulturräumen ist eine Weiterführung der Kultur bis in den Dezember möglich, doch wird sie aus Kostengründen nicht durchgeführt. Es sei denn, man hat noch andere empfindliche Pflanzen im Gewächshaus, die Mindesttemperaturen von 15 °C benötigen.

Um im Gewächshaus eine gute Befruchtung zu erreichen, werden die Pflanzen 1- bis 2mal in der Woche geschüttelt, da sich der Pollen bei hoher Luftfeuchtigkeit nur schwer von den Staubgefäßen löst. Geringer Fruchtansatz oder schlechte Fruchtausbildung ist die Folge.

Die Pflanzen im Freiland kann man mit Tomatenhauben aus Folie oder Vlies schützen. Sie bringen eine Ernteverfrühung und schützen die Pflanzen auch vor Niederschlägen. Auch hier sollte man die Tomaten der besseren Befruchtung wegen schütteln.

Ernte, Lagerung: Die Früchte läßt man möglichst am Stock ausreifen, da sie nur so ihr volles Aroma entwickeln. Steht jedoch eine »Tomatenschwemme« ins Haus, pflückt man die Früchte im Übergangsstadium der Ausfärbung und läßt sie an einem dunklen Ort nachreifen. Auch das Abdecken mit Mulchfolie oder Einwickeln in Zeitungspapier ist

möglich. Man verfährt auch so mit Früchten, die im Herbst nicht mehr ausreifen.
Die Lagerdauer hängt vom Reifestadium ab. Vollreife Tomaten sind nur einige Tage im Kühlschrank haltbar. Ansonsten verwertet man sie, wie es bei der Verwendung beschrieben wurde.
Krankheiten, Schädlinge: Grauschimmel, Kraut- und Braunfäule, Braunflekken, Korkwurzelkrankheit, Spinnmilben (Rote Spinne), Weiße Fliege.

Tomatenbaum (Baumtomate)
Cyphomandra betacea

Der Tomatenbaum stammt aus Südamerika, d.h. aus den Anden. Die Früchte dienen dort als Nahrungsmittel. Da die Pflanze bei uns nicht winterhart ist, wird sie als Kübelpflanze gezogen (s. Abb. Seite 103).
Verwendung: Die Früchte sind rot und etwa hühnereigroß. Sie haben einen süß-sauren tomatenähnlichen Geschmack, werden roh gegessen oder als Salat zubereitet. Man kann das Fruchtfleisch auch aus den halbierten Früchten löffeln. Es ist ein sehr schmackhaftes Dessert.
Aussaat, Pflege: Die Aussaat kann von Januar bis Mai durchgeführt werden. Zur Keimung sind Temperaturen von 20 bis 25 °C notwendig. Nach dem Aufgang wird in Töpfe mit 10 bis 12 cm Durchmesser pikiert. Die Temperatur kann dann auf 18 °C gesenkt werden. Ist der Topf durchwurzelt, wird bereits in einen 10-l-Kübel verpflanzt.
Als Erde werden Fertigsubstrate oder Mischungen von Komposterde und Torf im Verhältnis 1:1 verwendet. Ab Mitte Mai stellt man die Pflanzen an einen halbschattigen bis sonnigen Standort im Freien. Sie werden regelmäßig gegossen und erhalten 2mal in der Woche eine Flüssigdüngung mit 2 g/l Volldünger. Diese Düngung wird bis Ende September durchgeführt.
Der Tomatenbaum kann als Busch- oder Stammform gezogen werden. Da die Pflanze eine beachtliche Größe erreichen kann – 3 bis 4 m sind keine Seltenheit – sollte der Stamm nicht zu lang sein. Durch Rückschnitt des Leittriebs kann die Pflanze natürlich kleiner gehalten und zu einem mehr buschigen Wuchs gebracht werden. Mit zunehmendem Alter und vor allem wegen der Standfestigkeit muß auch in größere Gefäße verpflanzt werden. Die Überwinterung erfolgt in kühlen, hellen Räumen mit Temperaturen zwischen 5 und 10 °C. Ab dem 2. Jahr erscheinen die rosa-weißen Blüten. Der Tomatenbaum blüht den ganzen Sommer. Die Früchte reifen erst in den Wintermonaten. Wie bei den »richtigen« Tomaten können auch vom Tomatenbaum selbst Samen gewonnen werden. Die Samen werden aus den reifen Früchten entfernt, in lauwarmem Wasser gewaschen und bei Zimmertemperatur getrocknet. Anschließend sät man sie aus.
Ernte, Lagerung: Die Ernte erfolgt, wenn die Früchte ihre hellrote Ausfärbung bekommen haben. Beim Drücken der Frucht bleibt keine Delle zurück. Die Baumtomaten halten 2 bis 3 Wochen bei Zimmertemperatur. Dies ist auf die harte, mit einer Wachsschicht überzogenen Schale zurückzuführen.
Krankheiten, Schädlinge: Blattläuse, Rote Spinne, Weiße Fliege.

Hülsenfrüchte

Blauschalerbse
Pisum sativum

Seit einiger Zeit wird eine Erbse angeboten, deren Schale blau gefärbt ist (s. Abb. Seite 106). Das Korn unterscheidet sich jedoch nicht von den bekannten Erbsen. Beim Anbau kann wie bei Zuckererbsen (s. Seite 108) vorgegangen werden. Eine Kletterhilfe ist auch bei dieser Erbse notwendig. Geerntet werden die voll ausgebildeten Hülsen.

Feuerbohne (Prunkbohne, Käferbohne)
Phaseolus coccineus

Wie die Stangenbohne stammt die Feuerbohne aus Südamerika. Ihre Urform ist heute noch dort zu finden.
Verwendung: Die Prunkbohne wird als Trockenbohne verwendet. Aus ihr lassen sich schmackhafte Salate zubereiten. Manchmal dient sie als Ersatz für Edelkastanien bei Kuchen und Tortenfüllungen.
Aussaat, Pflanzung: Eine Vorkultur mit Aussaat Anfang April in Töpfen führt zu beachtlichen Ertragssteigerungen. 3 bis 5 Korn werden in 8- bis 10-cm-Töpfe gelegt. Temperaturen um 20 °C lassen die Keimung rasch erfolgen, sind aber nicht unbedingt notwendig. Durch Vorquellen über Nacht in lauwarmem Wasser kann sie ebenso beschleunigen. Ab Ende April bis Anfang Mai wird gepflanzt. Bei Stangenkultur wird auf 60×60 bis 80 × 80 cm gepflanzt. Für die Spalierkultur wählt man einen Reihenabstand von 1 bis 1,20 m. In der Reihe beträgt der Pflanzabstand 20 cm.
Die Freilandsaat wird ab Ende April vorgenommen. Feuerbohnen sind nicht so kälteempfindlich und halten auch leichte Nachtfröste aus. Für die Stangenkultur werden die vorhergenannten Abstände eingehalten. Um jede Stange legt man 6 bis 8 Korn. Der Abstand in der Reihe bei der Spalierkultur liegt bei 5 bis 8 cm. Die Körner werden einzeln gelegt.
Zu erwähnen ist noch, daß es bunt- und weißkörnige Sorten gibt. Die Blütenfarbe ist auch unterschiedlich (weiß- und rotblühende Sorten). Die Feuerbohnen lassen sich über die Sommermonate als Sichtschutz verwenden.
Pflege: Humose Lehmböden und windgeschützte Lagen sind vorzuziehen. Zum Anbau gibt man 20 g/m^2 Volldünger, bei Blühbeginn wird eine weitere Düngergabe in der gleichen Höhe gegeben. Sind die Pflanzen etwa 20 cm hoch, häufelt man an. Der Boden wird locker und unkrautfrei gehalten. Besonders ab Blühbeginn ist auf ausreichende Wasserversorgung zu achten. Bei anhaltender Trockenheit werden die jungen Hülsen abgestoßen. Auch Nährstoffmangel kann zu dieser Erscheinung führen.
Für die Errichtung des Spaliers werden Metall- oder Holzstangen verwendet. Sie kommen etwa 50 cm tief in den Boden und haben einen Abstand von 3 bis 5 m. Das obere Ende soll noch aus dem Stand mit den Händen erreichbar sein (etwa 2 m). 15 cm über der Erde und am Pfahlende wird waagrecht Draht gespannt. Zwischen den Drähten werden Schnüre senkrecht gespannt. An diesen

Blauschalerbsen sind ein ungewöhnlicher Anblick.

Schnüren schlingen die Pflanzen hinauf. Eine Schnur aus Naturfaser ist günstiger, da man sie später mit kompostieren kann. An den Enden des Spaliers werden die Pfähle abgespannt. So verhindert man das Durchhängen des Spanndrahtes. Vereinzelt hilft man den Pflanzen, die Kletterhilfe zu erreichen.
Lagerung, Ernte: Die Ernte setzt Ende September ein. Man erntet die trockenen Hülsen 1- bis 2mal. Die Körner müssen nicht sofort ausgelöst werden. Sie können noch einige Zeit an einem trockenen Platz gelagert werden. Beim Auslösen werden schwache und gebrochene Körner entfernt. Die gut getrokkneten Bohnen füllt man in luftige Säkke und bewahrt sie kühl und trocken auf. Sie können auch Minusgraden ausgesetzt werden.
Krankheiten, Schädlinge: Brennflekkenkrankheit, Bohnenrost, Blattläuse, Bohnenfliege, Speisebohnenkäfer (Lagerschädling).

Mungobohne
Phaseolus radiatus

Die Mungobohne ist in Indien und Ostafrika zu Hause und wird als Trockenbohne in größerem Umfang angebaut. Weniger bekannt ist die Limabohne oder Mondbohne *(Phaseolus lunatus)*, die ebenfalls grün und getrocknet verwendet wird. Die Kultur wird wie bei Mungobohne durchgeführt.
Verwendung: Wie Sojabohne werden die Mungobohnen bei uns hauptsächlich als Keimlinge verwendet. Man kann die getrockneten Bohnen aber auch rösten, salzen oder auch zuckern und zum Knabbern anbieten. Die grünen Hülsen werden wie unsere Gartenbohnen zubereitet.
Aussaat, Pflanzung: Ins Freiland wird nach den Eisheiligen gesät. Der Boden soll eine Mindesttemperatur von 12 °C erreicht haben. Tiefere Temperaturen führen zu einer verzögerten Keimung und zu Ausfällen. Der Reihenabstand liegt bei 50 cm, in der Reihe wird ein Abstand von 5 cm eingehalten.
Die Vorkultur beginnt Anfang bis Mitte April. 3 bis 5 Korn legt man pro 8-cm-Topf. Die Pflanzung wird ebenfalls nach den Eisheiligen vorgenommen. In der Reihe wird der Abstand auf 20 bis 25 cm erweitert, der Reihenabstand bleibt gleich. Nach der Pflanzung wird angehäufelt.
Pflege: s. Feuerbohne.
Lagerung, Ernte: Die grünen Hülsen sind etwa ab Mitte August zu ernten, die Trockenbohnen Anfang Oktober reif. Sie werden wie Feuerbohnen gelagert.
Krankheiten, Schädlinge: s. Feuerbohne.

Sojabohnen können frisch oder als Trockenbohne geerntet werden. Man läßt sie an der Pflanze trocknen und löst sie aus.

Sojabohne
Glycine max
Sojabohnen stammen aus China und zählen zu den ältesten Kulturpflanzen. Über Ostasien haben sie sich weiter verbreitet. Während des 2. Weltkriegs wurden Sojabohnen in Deutschland und Österreich großflächig angebaut. In den Hausgärten fanden sie erst vor einigen Jahren Eingang (s. Abb. unten).
Verwendung: Hoher Eiweiß- und Kalorienreichtum zeichnen diese Gemüseart aus. Sojabohnen werden vornehmlich in der chinesischen Küche verwendet. Sie können aber auch wie unsere Bohnenarten zubereitet werden.

Sind die Kerne noch klein, werden sie in der Schale mitgekocht oder -gedünstet. So nimmt man sie als Beilage oder für Salate.
Wenn die Kerne voll entwickelt, aber noch grün sind, entfernt man die Schale. Dazu werden die Bohnen einige Minuten in Salzwasser gekocht und die Kerne anschließend ausgelöst. Am häufigsten wird Soja als Trockenbohne wie die bekannten Arten zubereitet.
Als Biokost oder für chinesische Gerichte werden die Keime genommen (s. Seite 120).
Aussaat, Pflanzung: Lange hat man den Anbau der Sojabohne erst ab Mitte Mai empfohlen. Sojabohnen sind jedoch nicht so kälteempfindlich, wie allgemein angenommen. Die Aussaat im Freiland kann schon Ende April durchgeführt werden. Frühe Aussaaten bringen auch höhere Erträge. Die Abdekkung mit Folie oder Vlies schafft günstigere Keimbedingungen. Ebenso kann die Kultur auf Mulchfolie erfolgen.
Der Reihenabstand liegt zwischen 30 und 40 cm. Die Samen werden in der Reihe im Abstand von 5 bis 8 cm abgelegt.
Eine andere Möglichkeit ist die Vorkultur. Anfang bis Mitte April werden 2 bis 3 Korn in Töpfe gelegt und bei 18 ° C zur Keimung gebracht. Anfang bis Mitte Mai wird gepflanzt. Dabei ist der Abstand in der Reihe auf 20 bis 25 cm zu erweitern. Um die Keimung zu beschleunigen, werden die Samen über Nacht in lauwarmem Wasser vorgequollen.
Pflege: Sojabohnen lieben warme, humose Böden und volle Sonne. Wie die anderen Hülsenfrüchte benötigen sie wenig Dünger. Beim Anbau oder der Pflanzung gibt man 20 g/m^2 Volldünger. Weitere Düngergaben sind nicht notwendig. Sind die Pflanzen etwa 15 cm hoch, wird angehäufelt. Bewässerung und Bodenbearbeitung sind weitere Pflegemaßnahmen.
Ernte, Lagerung: Wie schon erwähnt, können die Hülsen wie Zuckererbsen verwendet werden. Sie sollen dann gleich nach der Ernte verarbeitet werden. Wird die Trockenbohne gewünscht, bleiben die Pflanzen bis zur Ausreife am Beet. Danach werden die Bohnen ausgelesen und können kühl und trocken wie andere Hülsenfrüchte gelagert werden. Grüne Sojabohnen können auch eingefroren werden.
Krankheiten, Schädlinge: Blattläuse.

Zuckererbse

Pisum sativum ssp. *sativum* convar. *axiphium*

Die Erbse ist im Mittelmeerraum und in Vorderasien zu Hause. Schon seit dem Mittelalter wird sie als Nahrungsmittel verwendet. Dabei hat es sich vor allem um Trockenerbsen gehandelt. Doch schon damals dürfte es Formen der Zuckererbse gegeben haben. In Schriften werden Erbsen erwähnt, die mit Hülsen gekocht wurden.
Verwendung: Die jungen Hülsen der Zuckererbse können roh oder gekocht gegessen werden. Im zweiten Fall werden sie nur kurz gekocht, dann in Butter geschwenkt und als Beilage serviert. Man kann natürlich auch die Kornausbildung abwarten und sie wie Mark- oder Schalerbsen verwenden.
Aussaat: Die Hauptaussaat erfolgt En-

de März bis Anfang April. Es kann aber bis Ende April gesät werden. Spätere Aussaaten bringen geringere Erträge.
Je nach Sorte erreichen die Pflanzen eine Höhe von 60 cm bis 1,50 m. Davon hängt auch der Reihenabstand ab. Bei niedrigen Sorten geht man auf 60 cm, bei hohen Sorten auf 80 cm Reihenabstand. In der Reihe wird auf etwa 3 cm Abstand ausgesät.
Pflege: Die Pflanzen benötigen eine Kletterhilfe. Bei niedrigen Sorten sind Zweige ausreichend. Für höhere Sorten nimmt man Maschendraht oder errichtet ein Schnurgerüst.
Erbsen gedeihen auf leichten bis mittelschweren Böden. Vor der Saat arbeitet man 30 g/m^2 Volldünger ein. Eine Kopfdüngung ist auch hier nicht notwendig. Sind die Pflanzen etwa 15 cm hoch, wird angehäufelt. Besonders während der Blütezeit ist auf gleichmäßige Bewässerung zu achten.
Erbsen sollen erst nach 3 bis 4 Jahren wieder an derselben Stelle gesät werden. Für andere Gemüsearten sind sie eine sehr gute Vorkultur.
Ernte, Lagerung: Die Hülsen werden geerntet, wenn die Körner noch klein und die Hülsen flach sind. Es muß mehrmals durchgeerntet werden. Eine Lagerung ist nur kurzfristig möglich.
Der zweite Erntezeitpunkt liegt wie bei den anderen Erbsenarten. Mit Schale sind die Erbsen im Kühlschrank einige Tage haltbar. Ausgelöst müssen sie innerhalb einiger Stunden verarbeitet werden. Sehr gut sind die Zuckererbsen auch zum Einfrieren geeignet.
Krankheiten, Schädlinge: Falscher Mehltau, Grauschimmel, Blattläuse, Thrips.

Zwiebel- und Lauchgewächse

Die Heimat der Zwiebel ist Westasien. Schon bei den Ägyptern wurde sie geschätzt und soll auch beim Pyramidenbau zur Ernährung der Sklaven gedient haben. Vermutlich haben auch germanische Völker verschiedene Wildarten der Zwiebel verwendet. Diese wurden durch die Kulturformen nach und nach verdrängt. Zum Teil greifen manche Köche heute wieder auf diese Wildformen zurück. Die Heilkraft der Zwiebel soll der des Knoblauchs durchaus ebenbürtig sein.

Frühlingszwiebel (Lauchzwiebel, Winterzwiebel)
Allium cepa

Frühlingszwiebeln sind besondere Sorten der gewöhnlichen Küchenzwiebel (Allium cepa). Sie werden schon sehr früh, d.h. in jungem Zustand geerntet und mit dem Laub gegessen. Man rechnet die Frühlingszwiebeln auch zu den Überwinterungssorten, da sie nach der Aussaat im Juli-August ohne Schaden überwintern und ab April geerntet werden könnnen. Sie schließen damit die Lücke zwischen den eingelagerten Speisezwiebeln und den Sommerzwiebeln (Säzwiebeln, Steckzwiebeln).
Verwendung: Frühlings- und Lauchzwiebel lassen sich gut als Brotaufstrich und für Salate verwenden. Ihr Geschmack und Aroma geben auch Saucen eine besondere Note. Es werden aber nicht nur die Zwiebel verwendet, sondern auch die Schloten.
Aussaat, Pflanzung: Frühlingszwiebel und Lauchzwiebel werden im Freiland,

im unbeheizten Gewächshaus und im Folientunnel kultiviert. Vorkultur bzw. Aussaat an Ort und Stelle sind beide möglich.
Die Aussaat erfolgt von Ende Juli bis Ende August. Bei der Vorkultur erfolgt die Aussaat zunächst in Saatkistchen, direkt in Töpfe oder Multitopfplatten. Pro Topf legt man 3 Korn. Die Kistchen werden im Freien aufgestellt. Nach dem Auflaufen entfernt man die schwächeren Sämlinge. Gepflanzt wird nur wenig tiefer als die Zwiebeln im Saatkistchen oder in den Töpfen standen. Der Reihenabstand beträgt 30 cm, der Abstand in der Reihe 10 cm.
Für die Aussaat an Ort und Stelle muß das Saatbeet zunächst gut vorbereitet werden. Feinkrümeliger und gut gesetzter Boden sind die Voraussetzung für eine gute Keimung. Die Aussaattermine und Abstände sind die gleichen wie bei der Vorkultur. Nach dem Auflaufen der Sämlinge wird vereinzelt. Die zu dicht stehenden Pflanzen können für Kochzwecke oder als Schnittlauchersatz gute Dienste leisten.
Pflege: Zwiebeln lieben einen warmen, durchlässigen Boden. Vor der Saat streut man 50 g/m^2 Volldünger, im Frühjahr noch einmal 30 g/m^2. Der Boden wird regelmäßig gelockert und unkrautfrei gehalten. Gleichmäßige Feuchtigkeit ist für den Kulturerfolg entscheidend. In den Wintermonaten schützt man die Zwiebeln mit Reisig oder Vlies vor Kahlfrösten. Auch im Gewächshaus ist bei extremer Kälte eine Abdeckung von Vorteil. Dadurch können Ausfälle vermieden werden.
Ernte, Lagerung: Die Frühlingszwiebeln werden im Gewächshaus ab März geerntet. Die Frühlingszwiebeln kann man auch bis Mai weiter kultivieren. Dann sind die Zwiebeln voll ausgebildet. Nicht bei allen Sorten ist übrigens eine ausgeprägte Zwiebelbildung vorhanden. Diese Sorten werden teilweise auch als »Lauchzwiebeln« bezeichnet. Im Freiland erfolgt die Ernte von Frühlingszwiebeln von April bis Juni. Voll ausgebildete Frühlingszwiebeln sind nur einige Tage lagerfähig und deshalb bald zu verbrauchen.
Krankheiten, Schädlinge: Falscher Mehltau, Mehlkrankheit, Gelbstreifigkeit (Virus), Zwiebelfliege.

Knoblauch
Allium sativum

Wie die Zwiebel stammt auch der Knoblauch aus Westasien. Im alten China zählte er schon zu den Heilpflanzen. Auch bei uns erfreut sich der Knoblauch inzwischen zunehmender Beliebtheit (s. Abb. Seite 7).
Verwendung: Knoblauch wird hauptsächlich als Gewürz verwendet. Auf Grund seines intensiven Geschmacks und Geruchs genügen schon kleine Mengen. Manchmal reicht es aus, das Kochgeschirr mit einer Knoblauchzehe auszureiben.
Häufig werden die Zehen aber ausgepreßt und der Saft den Gerichten zugegeben. Knoblauch wird bei Salaten, Gemüsegerichten und Fleischspeisen verwendet. Auch Brotaufstrichen wird er beigemischt.
Anbau: Es werden die sogenannten Zehen gesteckt. Manchmal nimmt man auch die Luftzwiebeln. Sie entstehen an den Blütenständen.

Winterhecken-zwiebel.

Als Pflanzzeit kommen Frühjahr und Herbst in Frage. Die Herbstpflanzung bringt etwas höhere Erträge. Sie erfolgt von September bis Oktober. Im Frühjahr wird von März bis April gepflanzt. Die Pflanzweite liegt zwischen 15×15 cm und 25×15 cm. Die Zehen werden etwa 5 cm tief gesteckt. Winterschutz ist nicht notwendig.

Pflege: Mittelschwere Böden sind gut für den Knoblauchanbau geeignet. Stallmist wird vor dem Knoblauchanbau nicht gegeben, da sehr häufig Zwiebelfäule auftritt und auch verstärkter Befall durch die Zwiebelfliege die Folge sein kann.

Vor der Pflanzung gibt man 30 g/m^2 Volldünger. Nach der Herbstpflanzung erfolgt im Frühjahr eine Kopfdüngung mit der gleichen Menge. Bei der Frühjahrspflanzung wird die Kopfdüngung im Juni gegeben. Für gute Erträge ist auch eine gleichmäßige Wasserversorgung notwendig.

Ernte, Lagerung: Die Ernte erfolgt nach der teilweisen Gelbverfärbung bzw. mit beginnendem Einziehen des Lauches von Juli bis August. Man läßt den Knoblauch einige Tage am Beet nachtrocknen. Die Lagerung erfolgt in kühlen, trockenen Räumen. Häufig werden noch Zöpfe geflochten und der Knoblauch bleibt dann bis zu den 1. Frösten unter Dach im Freien.

Krankheiten, Schädlinge: s. Frühlingszwiebel.

Riesenzwiebel ('The Kelsae')
Allium cepa

Ein wahres Monster unter den Zwiebeln ist diese Sorte. Einzelne Exemplare können bei guter und langer Kultur über 3 kg schwer werden. Ob man aber so intensiv düngen soll, ist natürlich eine andere Frage. Für manche ist es sicher ein Erlebnis, einmal solche Riesen im Garten zu haben.

Aussaat, Pflanzung: Die Aussaat muß schon sehr früh beginnen. Ende Dezember sät man bereits in Schalen oder Töpfen aus. Die Temperatur beträgt 15 °C. Sind 2 Laubblätter gebildet, wird pikiert. Sät man in Töpfe, legt man einige Samen in jeden Topf und läßt das stärkste Pflänzchen stehen. Nach dem Aufgang benötigen die Pflanzen einen hellen Standort. In manchen Fällen wird man sogar Zusatzlicht geben müssen. Dies ist in den Monaten Januar und Februar der Fall. Ab März haben wir ja schon bessere Lichtverhältnisse (längerer Tag). Nach dem Pikieren kann die Temperatur auf 10 °C gesenkt werden. Sind die Pflanzen angewurzelt, gießt man wöchentlich mit einer schwachen

Düngerlösung. Ab April kann die Weiterkultur im Frühbeet erfolgen. Ist die Frostgefahr vorüber wird auf 25 × 30 cm ins Freie ausgepflanzt.
Spätere Aussaattermine sind natürlich möglich, die »Monster« bleiben dann kleiner. Auch eine Freilandaussaat im März bis April kann vorgenommen werden.
Pflege: Humoser, lehmiger Boden mit guter Wasserführung ist am besten. Doch kann man die Riesenzwiebel auch auf sandigen und auf schwereren Böden anbauen. Vor der Pflanzung wird 60 g/m^2 Volldünger gestreut und leicht eingearbeitet. Nach etwa einem Monat beginnt man mit der Kopfdüngung. Im Abstand von 2 Wochen wird Flüssigdünger ausgebracht. Diese Düngung setzt man bis Ende Juli fort. Danach verwendet man kalibetonte Dünger, die Ausreifung und Lagerfähigkeit fördern. Wichtig ist die Bewässerung. Vor allem mit Beginn der Zwiebelbildung muß man seine Aufmerksamkeit darauf richten. Der Boden soll nicht austrocknen.
Lagerung, Ernte: Die Ernte erfolgt von September bis Oktober. Die Lagerung entspricht der der Küchenzwiebel.
Krankheiten, Schädlinge: s. Schalotte.

Schalotte (Eschlauch)
Allium ascalonicum

Wahrscheinlich ist die Schalotte im Mittelmeergebiet zu Hause. Es gibt verschiedene Typen, die sich durch die Zwiebelform unterscheiden.
Die Schalotte wird inzwischen von manchen Fachleuten nicht mehr als eigenständige Art, *A. ascalonicum*, sondern nur noch als Sorte der gewöhnlichen Speise- oder Gemüsezwiebel *(Allium cepa)* betrachtet.
Verwendung: Schalotten sind intensiver im Geschmack als Küchenzwiebeln. Sie werden daher von guten Köchen bevorzugt. Natürlich bringen sie uns auch leichter zum Weinen. Gibt man etwas Speiseöl auf die Schneide des Messers, wird ein Teil der ätherischen Öle gebunden und damit die Reizung vermindert. Schalotten eignen sich sehr gut zum Einlegen in Essig. Sie werden auch häufig im ganzen mit Fleisch geschmort oder über Holzkohle gegrillt.
Anbau: Der Anbau erfolgt mit Steckzwiebeln ab März. Der Reihenabstand beträgt 20 bis 30 cm, in der Reihe wird auf einen Abstand von 15 cm gesteckt. Bei sehr leichtem, lockerem Boden werden die Steckzwiebeln in den Boden gedrückt. Sonst werden Pflanzlöcher mit etwa 5 cm Tiefe ausgehoben.
Pflege: Schalotten gedeihen am besten auf leichten, warmen Böden. Auch hier wird kein Stallmist verwendet. Als Grunddüngung gibt man 30 g/m^2 Volldünger und die gleiche Menge als Kopfdüngung Ende Mai. Während des Zwiebelwachstums ist auf gute Bewässerung zu achten. Bei der Bodenlockerung darf nicht zu nahe an den Schalotten gehackt werden, da sie sehr flach wurzeln.
Ernte, Lagerung: Die Ernte erfolgt im Juli bis August. Für die Reife gelten die gleichen Merkmale, wie bei Knoblauch beschrieben (s. Seite 110). Die Zwiebeln werden nicht auseinander genommen. Man bündelt sie, flicht Zöpfe und hängt sie witterungsgeschützt im Freien oder in kühlen Räumen auf.
Krankheiten, Schädlinge: siehe Frühlingszwiebel.

Silberzwiebel (Perlzwiebel)
Allium cepa

Als Silber- oder Perlzwiebeln bezeichnet man spezielle Sorten der Speisezwiebel *(Allium cepa)*, die nur kleine runde Zwiebeln mit reinweißer Fleischfarbe entwickeln.
Verwendung: Da Silberzwiebeln nicht über einen längeren Zeitraum lagerfähig sind, werden sie sofort nach der Ernte verwertet oder in Essig eingelegt. In der Küche verwendet man sie wie Schalotten. Zum Garnieren von kalten Gerichten sind sie ebenfalls sehr beliebt.
Aussaat: Die Aussaat erfolgt im März. Der Reihenabstand wird zwischen 15 und 20 cm gewählt. In der Reihe wird kaum vereinzelt, da die Platzansprüche gering sind. Als Sorte kommt 'Berletta' in Frage.
Ernte, Lagerung: Die kleinen Zwiebeln werden im Juli geerntet. Mit der Grabgabel werden die Pflanzen in den Reihen angehoben und von Hand verlesen. Danach werden sie zubereitet oder konserviert.
Krankheiten, Schädlinge: siehe Frühlingszwiebel.

Winterheckenzwiebel (Lange Bollen, Winterzwiebel, Jakobszwiebel)
Allium fistulosum

Die Winterheckenzwiebel hat ihre Heimat in Sibirien. Diese Art ist mehrjährig und erreicht eine Höhe bis zu 1 m. Zwiebeln werden nicht ausgebildet, es gibt lediglich im unteren Bereich eine Verdickung. Die Pflanze liefert nur Schnittgrün für die Küche. Die Blätter bleiben bei nicht zu tiefen Temperaturen auch im Winter grün. Bei extremer Kälte sterben sie ab, die Pflanze bleibt jedoch erhalten und treibt wieder durch (s. Abb. Seite 111).
Verwendung: Die Blätter werden in der Küche wie Porree verwendet, d.h. zur Salatzubereitung, für Suppen und Beilagen. Auch als Schnittlauchersatz leisten sie gute Dienste.
Aussaat, Pflanzung: Die Aussaat erfolgt Ende März. Da man nur wenige Pflanzen für die Versorgung eines Haushaltes benötigt, wird am besten gleich in Töpfe oder Kistchen gesät. Pro Topf gibt man 5 bis 10 Samen und pflanzt die Büschel auf einen Abstand von 30×30 bis 40×40 cm.
Pflege: Die Flächen werden unkrautfrei gehalten und bei Bedarf gegossen. Die Düngung erfolgt wie bei der Zwiebel. Wird häufig geerntet, ist 2- bis 3mal eine Kopfdüngung nötig. Im Abstand von 2 bis 3 Jahren werden die Pflanzen geteilt.
Ernte, Lagerung: Geerntet wird nach Bedarf. Von einer Pflanze soll nicht zu viel auf einmal geerntet werden, da sie sonst zu stark geschwächt wird. Kleingehackte Blätter eignen sich zum Einfrieren.
Krankheiten, Schädlinge: siehe Frühlingszwiebel.

Ausdauernde Gemüsearten

Artischocke
Cynara scolymus

Die Artischocke zählt zu den Distelarten und hat ein sehr attraktives Aussehen. Daher kann man sie auch im Ziergarten pflanzen. Über die genaue Herkunft ist nichts bekannt, sie wurde aber

Artischocken. Oben: Pflanzung von Ablegern überwinterter Mutterpflanzen (links). Durch Mulchen werden die Pflanzen geschützt (rechts). Mitte: Nach der Ernte (links) werden die Blütenstiele über dem Boden abgeschnitten (rechts). Unten links: Während der Überwinterung wird die Pflanze mit Stroh, Laub und Erde geschützt. Unten rechts: Ableger schneidet man so, daß die Wurzeln erhalten bleiben.

schon von den Griechen und Römern verwendet.

Verwendung: Von den Artischocken werden die Blütenknospen zubereitet. Die Spitzen der Hüllblätter schneidet man ab, da sie bitter sind. Eine besondere Delikatesse ist der Blütenboden.

Artischocken werden in Salzwasser gekocht. Danach kann die »Wolle« oder das »Heu« aus dem Inneren entfernt werden.

Artischocken können kalt oder warm serviert werden. Dazu werden zerlassene Butter oder verschiedene Saucen gereicht. Besondere Spezialitäten sind gefüllte Artischocken. Als Fülle verwendet man z. B. Hühnerfleisch, Krabben, Pilze, Spargel.

Aussaat, Pflanzung (s. Abb. links): Die Vermehrung der Artischocke ist durch Samen, Teilung der Pflanze oder »Kindel« (bewurzelte Seitentriebe) möglich. Da Pflanzen kaum in Gärtnereien erhältlich sind, ist man in erster Linie auf die Aussaat angewiesen. Die Pflanzen sind aber nicht immer einheitlich, daher ist es günstig, später von guten Mutterpflanzen Kindel zu nehmen oder die Pflanzen zu teilen.

Die Aussaat erfolgt im März im Gewächshaus oder im warmen Frühbeet. Zur Keimung sind 20° C nötig. Man legt die Samen gleich in 10-cm-Töpfe. Natürlich kann auch in Saatkistchen ausgesät werden. Nach dem Aufgang wird dann in Töpfe pikiert. Wenn die Pflanzen erstarkt sind, kann die Temperatur auf 15° C gesenkt werden. Ab Mitte Mai wird ins Freie gepflanzt. Der Pflanzabstand beträgt 1 × 1 m.

Die Kindel gewinnt man im Frühjahr von überwinterten Mutterpflanzen. Diese Seitentriebe werden bei 18 bis 20° C im Gewächshaus zur Bewurzelung gebracht. Die Pflanzung erfolgt ebenfalls ab Mitte Mai, sobald eine gute Bewurzelung vorhanden ist.

Die Teilung der Artischocken wird von April bis Mai oder im Spätsommer vorgenommen. In rauheren Lagen und bei schweren Böden ist der Frühjahrstermin vorzuziehen.

Pflege: Artischocken stellen bezüglich des Bodens hohe Ansprüche. Er soll tiefgründig, warm und nährstoffreich sein. Im Herbst wird nach Möglichkeit Stallmist gegeben. Vor der Pflanzung arbeitet man 50 g/m^2 Volldünger ein. Anfang Juli wird eine Kopfdüngung mit der gleichen Menge gegeben. Diese Düngung wird in den weiteren Standjahren ebenso durchgeführt. Wenn vorhanden, wird jedes 2. Jahr im Herbst Stallmist eingestochen.

Artischocken sind nicht in jedem Klimagebiet winterhart. Als Standort sollte man daher warme, geschützte Plätze aussuchen. Im Herbst werden die Pflanzen, nachdem die Blütenstiele abgeschnitten wurden, mit einer 20 bis 30 cm hohen Torf- oder Laubschicht abgedeckt. Im April wird die Abdekkung entfernt. In rauhen Lagen gräbt man die Pflanzen aus und überwintert sie im Keller oder Frühbeet. Im März wird wieder ausgepflanzt. Man läßt den Pflanzen nur 2 bis 3 Triebe.

Ernte, Lagerung: Die Ernte erfolgt, solange die Schuppenblätter noch eng anliegen. Mit einer Gartenschere werden die Knospen knapp unter dem Blütenboden geschnitten. Zuerst wird die Hauptknospe geerntet, dann folgen die Nebenknospen. Wird besonderer Wert

Pflanzschema für Bleichspargel. a = aufgelockerte Grabensohle mit Mistkompost, b = Hügel aus Komposterde, c = Spargelpflanze, d = Wurzelabdeckung, e = Komposterde, f = Aushuberde.

auf große und gut entwickelte Knospen gelegt, werden alle Seitenknospen entfernt. Die Hauptknospe bildet sich dann besonders schön aus. Im 1. Standjahr kann man auf die Ernte verzichten. Die Pflanzen entwickeln sich besser und bringen im 2. Jahr bessere Erträge. Die Blütentriebe werden beim Erscheinen sofort ausgeschnitten. Nach 4 bis 5 Jahren werden die Blüten kleiner. Man zieht dann wieder neue Pflanzen heran.

Die Lagerung der Knospen ist kurzfristig im Gemüsefach des Kühlschranks möglich. Artischocken lassen sich aber gut einfrieren. Die Blattspitzen werden abgeschnitten und die »Wolle« entfernt.

Krankheiten, Schädlinge: Blattläuse.

Cardy (Kardone, Spanische Artischocke, Gemüseartischocke)
Cynara cardunculus

Die Heimat von Cardy liegt im Mittelmeerraum. Die Pflanze ist mehrjährig, im Gemüseanbau wird sie jedoch meist einjährig kultiviert. Wie die Artischokke ist auch Cardy als Solitärpflanze ein Blickfang im Garten.

Verwendung: Die gebleichten Blattstiele werden ähnlich wie Bleichsellerie verwendet, jedoch ausschließlich gekocht gegessen. Dazu kocht man die Stiele in Salzwasser, dem Essig oder Zitronensaft zugesetzt ist, um ein Verfärben zu verhindern.

Erkaltet wird Cardy als Salat angerichtet. Sehr gut eignen sich die Stiele auch für Suppen und Beilagen.

Das Kochwasser darf nicht weiter verwendet werden. Es enthält zu viele Bitterstoffe.

Aussaat, Pflanzung: Die Aussaat erfolgt ab Februar im Gewächshaus bei 20° C. Man legt einige Samen in 10- bis 12-cm-Töpfe und läßt nach dem Auflaufen den stärksten Keimling stehen. Die Pflanzung erfolgt nach den Eisheiligen. Der Pflanzabstand liegt zwischen 80 × 80 cm und 1 × 1 m.

Anfang Mai kann auch direkt ins Freie gesät werden. Man hält die oben angegebenen Abstände ein. An jede Legestelle kommen mehrere Samenkörner. Auch hier verbleibt nur der stärkste Sämling.

Pflege: Standort- und Bodenansprüche entsprechen jenen von Artischocke.

Ab Anfang September beginnt man mit dem Bleichen. Die Pflanzen werden zusammengebunden und mit schwarzer Folie, Wellpappe oder Stroh umwickelt. Der Bleichvorgang dauert 2 bis 4 Wochen. Mit dem Bleichen soll nur an niederschlagsfreien Tagen begonnen werden. Die Stiele sind empfindlich und beginnen leicht zu faulen. Wenn der Bleichvorgang beendet ist, schneidet man die Stiele knapp über dem Boden ab.

Sind vor Eintritt stärkerer Fröste noch nicht alle Pflanzen geerntet, werden sie ausgegraben und im Keller in Sand eingeschlagen. Sie ergeben so ein gutes Wintergemüse.

Krankheiten, Schädlinge: Blattläuse, Schnecken.

Spargel (Bleichspargel, Grünspargel)
Asparagus officinalis

Spargel wird oft als Gemüse der Könige bezeichnet. Noch heute ist er eine besondere Delikatesse.

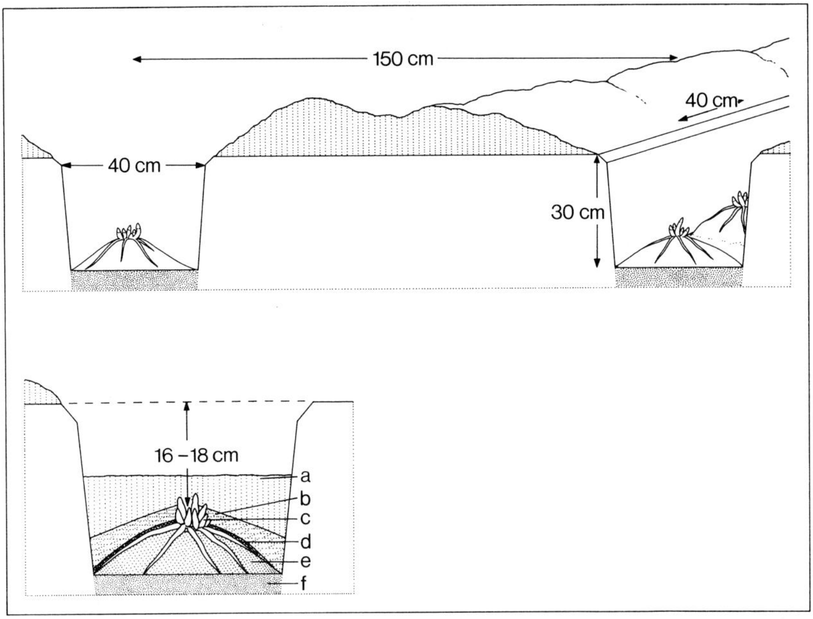

Seine Heimat liegt im Orient, doch ist sein Verbreitungsgebiet im Lauf der Jahrhunderte wesentlich größer geworden. Spargel findet man heute über Mittel- und Südeuropa, Nordafrika und Vorderasien verbreitet. Häufigster Standort sind sandige Ufergebiete.

Man unterscheidet zwischen Bleich- und Grünspargel. Dabei handelt es sich nicht um verschiedene Arten, sondern nur um verschiedene Sorten!

Verwendung: Spargel ist sehr kalorienarm und daher auch als Diätgemüse geeignet. Spargel wird für Vorspeisen, Suppen und Beilagen verwendet. Er kann warm oder kalt serviert werden.

Aussaat, Pflanzung: Es ist zwischen Bleich- und Grünspargel zu unterscheiden.

Bleichspargel: Meistens werden Spargelpflanzen gekauft, aber die Aussaat ist ebenso möglich. Bei eigener Anzucht verlängert sich die Kulturdauer bis zur ersten Ernte um ein weiteres Jahr.

Die Aussaat erfolgt von März bis April im Freiland an Ort und Stelle. Die Samen läßt man über Nacht in lauwarmem Wasser vorquellen. Der Reihenabstand beträgt 30 cm, nach dem Auflaufen wird auf 15 cm Abstand in der Reihe vereinzelt.

Pflanzzeit ist im April. Im Abstand von 1,20 bis 1,50 m werden 25 bis 30 cm tiefe und 30 bis 40 cm breite Gräben ausgehoben. Der Grabenboden wird gelokkert und mit verrottetem Stallmist oder Kompost vermischt. Die einjährigen Spargelpflanzen werden im Abstand von 40 bis 50 cm ausgelegt. Die Wurzeln (Fechser) werden seesternartig verteilt. Anschließend deckt man die Pflanzen etwa 5 cm mit Erde ab. Die Gräben bleiben im 1. Jahr während des Sommers und des folgenden Winters offen. Im 2. Jahr wird bei fortschreitendem Wachstum der Triebe die ausgehobene Erde wieder vorsichtig in die Gräben gefüllt. Im Laufe des Sommers wird das

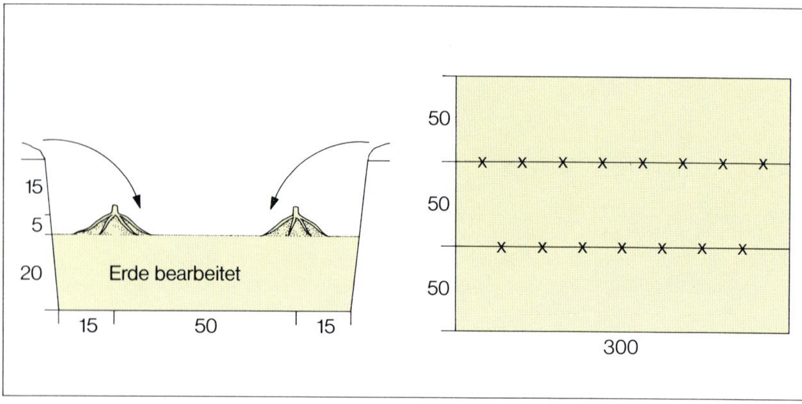

Niveau der übrigen Beete erreicht (s. Abb. 117). Im 3. Jahr werden erstmals Dämme aufgeworfen.

Grünspargel: Für die Grünspargelkultur können dieselben Sorten wie für Bleichspargel genommen werden. Es sind aber auch besondere Sorten erhältlich.

Bei Grünspargel ist ein Reihenabstand von 0,5 bis 1 m ausreichend. In der Reihe wird auf 30 bis 40 cm Abstand gesetzt. Die Pflanztiefe beträgt etwa 10 bis 15 cm. Die Anzucht erfolgt wie bei Bleichspargel. Grünspargel wird jedoch ohne Dämme kultiviert (siehe Abbildung oben).

Pflege: Warme, sandige Lehmböden sind für die Spargelkultur am besten geeignet. Spargel stellt hohe Nährstoffansprüche und ist für Stallmistgaben dankbar. Vor der Pflanzung und dann im Abstand von 2 bis 3 Jahren soll Stallmist eingearbeitet werden. Bei Grünspargel wird der Stallmist im Frühjahr nur seicht eingearbeitet, um die Wurzeln nicht zu verletzen. Im März streut man 50 g/m^2 Volldünger und wiederholt diese Düngergabe Ende Juni nach der Ernteperiode. Reichliche Wassergaben sind notwendig, um das Wachstum und damit die Kräftigung der Pflanzen zu fördern.

Ernte, Lagerung: Die Ernte setzt bei Grün- und Bleichspargel im 3. Standjahr ein. Bei Grünspargel bleiben die Beete flach. Die Stangen werden bei einer Länge von etwa 20 cm geschnitten (s. Abb. rechts). Die Ernte setzt im Mai ein und wird im 1. Erntejahr Anfang Juni beendet. In den folgenden Erntejahren wird sie bis 24. Juni durchgeführt. Bei geschwächten Beständen beendet man die Ernte schon früher. Durch Auflegen von Flachfolie oder Vlies kann der Erntebeginn um einige Tage vorverlegt werden.

Bei Bleichspargel werden, wenn die ersten Triebe den Boden durchstoßen, Erddämme angelegt. Die Dämme sind etwa 15 cm höher als das Beet anzulegen. Die Erde wird mit dem Spaten geglättet. So kann man an Hand von Sprüngen im Erdreich jene Stellen ausmachen, an denen die Spargeltriebe wachsen. Die Triebe werden vorsichtig mit der Hand freigelegt und anschließend gestochen. Die Wurzelkrone darf nicht verletzt werden. Danach wird das Loch wieder mit Erde gefüllt. Die Dämme werden nach jeder Ernte geglättet. Es wird dieselbe Erntezeit wie bei Grünspargel eingehalten. Ist die Erntezeit vorbei, ebnet man die Dämme ein und lockert die Wege.

Seite 118: Pflanzschema für Grünspargel. Pflanzung in Doppelreihen.

Oben rechts: Pflanzung auf Linie in Doppelreihen. Ab Ende Juni stellt man die Ernte ein. Die Spargelpflanzen können nun Kraft sammeln. In Windlagen stützt man die Triebe. Unten rechts: Der Grünspargel wird geerntet, solange die Köpfe geschlossen sind.

Spargel kann einige Tage im Kühlschrank aufbewahrt werden. Dies ist bei kleinen Erntepartien oft notwendig, um entsprechende Mengen zu erhalten. Die Spargelstangen werden entweder in nasse Tücher gewickelt oder in mit Wasser gefüllte Gefäße gestellt.

Krankheiten, Schädlinge: Spargelrost, Spargelfliege, Spargelkäfer, Spargelhähnchen.

In Keimboxen werden Sprossen praktisch und platzsparend angekeimt.

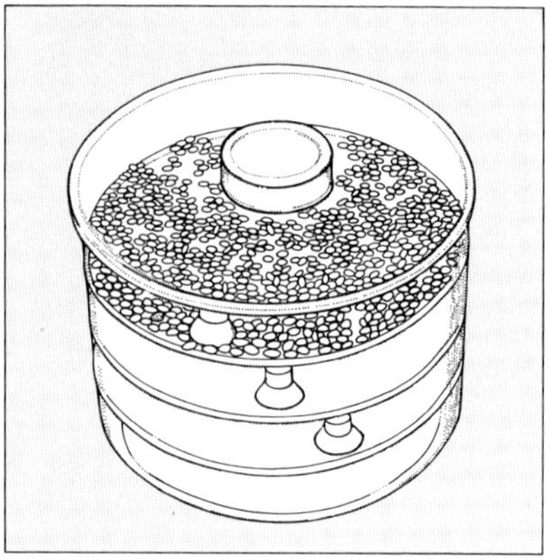

Keime und Sprossen

Keime und Sprossen liefern uns in den Wintermonaten wertvolle Vitamine und Mineralstoffe. In einer Zeit, in der Gemüse meist teuer ist, lassen sie sich einfach heranziehen und ergänzen so unseren Speiseplan. In der chinesischen Küche sind Keime und Sprossen schon lange bekannt. Sie werden als Rohkost, für Salate, Gemüsecocktails, Beilagen und Suppen verwendet.

Keimung: Die Keime und Sprossen werden einfach und sauber in geeigneten Behältern zur Keimung gebracht. Als Keimgefäße eignen sich Einmachgläser, Tiefkühlbehälter und die verschiedensten Kunststoffschalen. Im Fachhandel sind natürlich auch besondere Keimboxen und Keimapparate erhältlich (s. Abb. oben). In diesen Apparaten werden Temperatur und Feuchtigkeit gesteuert, so daß optimale Keimbedingungen herrschen. Die Keimtemperatur liegt bei fast allen Keimen zwischen 15 und 25° C. Je höher die Temperatur ist, um so rascher erfolgt die Keimung. Der Vorgang kann auch unterbrochen werden. Der Behälter wird dann einfach in den Kühlschrank gestellt, so wird der Keimvorgang verlangsamt.

Die Samen besorgt man sich im Samenhandel oder in Reformhäusern. Sie müssen absolut frei von Konservierungs- oder Beizmitteln sein. Über Nacht läßt man sie in lauwarmem Wasser vorquellen. Danach füllt man sie in den Keimbehälter und verschließt diesen mit Baumwollstoff, Perlon o.ä. In die Deckel der Tiefkühlbehälter werden Schlitze eingeschnitten. 1- bis 2mal am Tag wird lauwarmes Wasser in das Gefäß gefüllt, die Samen gut durchgespült und das Wasser wieder abgegossen. Durch diesen Vorgang werden die Samen und Keimlinge gereinigt, bleiben frisch und haben gute Keimbedingungen. Nach Möglichkeit soll die Keimung in durchsichtigen Gefäßen erfolgen. Grüne Keime enthalten mämlich mehr Vitamin C.

Ernte und Lagerung: Bei Senf und Kresse werden die jungen Blätter und die Stiele verwendet. Die anderen Keime und Sprossen werden mit Wurzeln und Keimblättern verzehrt. Vor der Zubereitung werden sie nochmals gründlich mit Wasser gespült. Auch vollentwickelte Keime können einige Tage im Kühlschrank aufbewahrt werden. Auch hier muß aber täglich gespült werden.

Für die Herstellung von Keimen lassen sich viele Gemüsearten verwenden. Hier sollen nur die gebräuchlichsten erwähnt werden. Außer diesen lassen sich Getreidearten, Sonnenblumen, Kürbis, Mais und Kopfkohlarten verwenden.

Alfalfa (Luzerne)
Medicago sativa

Alfalfa-Sprossen werden gern als Salate gegessen oder als Salatzutaten genommen. Bei einer Länge von 2 bis 5 cm werden sie verwendet. Die Keimdauer beträgt etwa 6 Tage (s. Abb. Seite 122).

Bockshornklee (fenugreek)
Trigonella foenum-graecum

Sprossen des Bockshornklees sollen grün verwendet werden. Speziell zu Currygerichten sind sie gut geeignet. Salate und Suppen werden damit verfeinert. Nach 1 Woche sind die Sprossen verwendungsfähig (s. Abb. Seite 122).

Buchweizen
Fagopyrum esculeutum

Bereits bei einer Länge von 1,5 cm werden diese Keimlinge für Brotaufstriche, Suppen und Salate genommen. Auch als Rohkost sind sie beliebt. Schon nach 3 Tagen sind sie entwickelt (s. Abb. Seite 122).

Kichererbsen
Cicer arietinum

Die Kichererbsen werden besonders gerne zu Currygerichten genommen. Bei 1 bis 1,5 cm Länge, die sie nach 4 bis 5 Tagen erreicht haben, werden sie verwendet.

Kresse
Lepidium sativum

Die Kresse wird nicht nur im Zimmer angekeimt, sondern auch im Gewächshaus, Frühbeet oder im Freien ausgesät. Sie keimt schon bei niedrigen Temperaturen und bringt nach kurzer Zeit vitaminreiche Kost. Kresse nimmt man auch, um z. B. den Kindern den Anbau im Garten nahezubringen. Durch die schnelle Keimung wird die Geduld der Kleinen nicht zu sehr strapaziert. Mit Kresse kann man z. B. den Namen schreiben (s. Abb. Seite 122).
Kresse wird in Schalen, die mit Filterpapier ausgelegt sind, angekeimt. Nach 1 Woche können die Blättchen mit einer Schere abgeschnitten werden. Kresse wird aufs Butterbrot gestreut, als Salat zubereitet oder anderen Salaten beigemischt.

Linsen
Lens culinaris

Linsen als Trockengemüse oder in Dosen sind nichts Neues, oft sogar schon in Vergessenheit geraten. Für die Keimlinge können getrocknete Linsen aus dem Lebensmittelhandel herangezogen werden. Leider ist die Keimfähigkeit oft gering. Linsenkeimlinge sind bei 3 cm Länge genußfertig (s. Abb. Seite 123). Auch eine Aussaat im Garten ab Mai kann versucht werden. Sie ist jedoch nicht immer erfolgreich, da Linsen sehr wärmebedürftig sind.

Mungobohne (Grüne Soja)
Phaseolus radiatus

Nach 5 Tagen sind die Sprossen in ihrer Entwicklung fertig. Die Länge liegt dann zwischen 3 und 5 cm. Mungobohnen werden hauptsächlich zu chinesischen Gerichten und Salaten genommen (s. Abb. Seite 122).

Verschiedene Sprossen und Keime.

Oben links: Kresse.
Oben rechts: Alfalfa.
Mitte links: Bockshornklee als Sprosse.
Mitte rechts: Sojabohnen.
Unten links: Mungobohne.
Unten rechts: Bockshornklee mit grünen Blättern.

Oben: Linsen.
Links: Senf.

Rechts: Sonnenblume.

Weißer Senf
Sinapis alba

Senfsprossen sind kaum bekannt. Am ehesten wird Senf im Hausgarten als Zwischensaat bei der Mischkultur verwendet. Dort hat er die Aufgabe, den Boden abzudecken, Witterungseinflüsse zu mildern und Unkrautwuchs zu hemmen. Senfsprossen haben einen leicht scharfen und bitteren Geschmack. Senf wird wie Kresse gekeimt und verwendet. Es dauert etwa 10 Tage bis zur Verwendung (s. Abb. Seite 123).

Sojabohne (Lunja)
Glycine max

Sojabohnen aus dem eigenen Anbau können getrocknet und später angetrieben werden. Diese Sprossen sind ein wichtiger Bestandteil der chinesischen Küche.
Sie sind besonders vitaminreich und nahrhaft. Als Salat oder Gemüsebeilage sind sie ebenfalls sehr schmackhaft. Nach einer Woche werden die Sprossen verwendet (s. Abb. Seite 122).

Sonnenblume
Helianthus annuus

Auch Sonnenblumensprossen zählen zu den Delikatessen. Sie sollen möglichst jung geerntet werden. Der Geschmack wird sonst zu scharf. Nach 4 bis 5 Tagen haben sie eine Länge von 2 cm erreicht und damit die richtige Größe (s. Abb. Seite 123).

Bildquellen

Die Zeichnungen fertigte Claudia Hosslin, Therwil (Schweiz), nach Vorlagen des Verfassers.

Apel, J., Baden-Baden: Abb. Seite 55, 74 (unten), 83, 95, 103 (unten), 107.
Deiser, E., Wolfschlugen: Abb. 119 (unten).
Lang, R.-M., Graz: Abb. Seite 7, 23, 31, 35, 38, 50, 54 (alle), 67 (alle), 74 (oben, Mitte), 75, 78 (rechts), 86 (links), 87, 90, 91, 98, 99, 103 (oben), 106, 111, 119 (oben).
Lindner, U., Köln: Abb. Seite 58 (oben), 63, 79 (oben).
Pelzmann, O., Graz: Abb. Seite 62, 66.
Rickert, E., Husby: Umschlagfoto: Abb. Seite 122 (alle), 123 (alle).
Royal Sluis, Enkhuizen: Abb. Seite 58 (unten).
Seibold, H., Hannover: Abb. Seite 78 (links), 79 (unten).
Seitz, P., Frankfurt: Abb. Seite 71.
Van Dijk Co., Holland: Abb. Seite 2.
Wetterwald, M. F. Offenburg: Abb. Seite 59 (alle), 86 (rechts) 102.

Literatur

Alonso, B.: Pastinake. GartenLand 2, 18–19, 1985.

Becker-Baumann, A.: Topinambur. GartenLand 1, 18–19, 1985.

Deiser, E.: Zwiebeln das ganze Jahr. Gartenpraxis 10, 56–58, 1985.

Deiser, E.: Salate zum Pflücken und Kochen. Gartenpraxis 2, 50–54, 1984.

Deiser, E.: Salate für Herbst und Winter. Gartenpraxis 6, 58–59, 1984.

Feßler, A.: Eine Baumtomate für Zimmer und Garten. Gartenpraxis 8, 60, 1985.

Flubacher, K.: Knoblauch. GartenLand 4, 15–17, 1985.

Fritz, D., Stolz, W.: Erwerbsgemüsebau. Verlag Eugen Ulmer, Stuttgart 1980, 8. Aufl.

Kunkel, G.: Karden, Disteln, Artischokken. GartenLand 8, 26–29, 1985.

Lindner, U.: Salat im Winter. GartenLand 2, 14–15, 1984.

Lindner, U.: Mangold. Gartenpraxis 5, 59–60, 1985.

Link, H., Titze, W.: Der Nutzgarten. Verlag Eugen Ulmer, Stuttgart 1982.

Michalsky, F.: Tomaten in Balkonkästen. Gartenpraxis 4, 18–19, 1982.

Michel, H. G., Umgelter, H.: Pflanzenschutz im Garten. Verlag Eugen Ulmer, Stuttgart 1982.

Rickert, E.: Das ganze Jahr lang Kräuter und Salate. Gartenpraxis 3, 83–86, 1983.

Rickert, E.: Sprossen und Keime. Gartenpraxis 11, 41–42, 1984.

Seitz, P.: Brokkoli – ein neues altes Gemüse. Gartenpraxis 6, 34–36, 1982.

Seitz, P.: Chrysanthemen, die man essen kann. Gartenpraxis 4, 41–42, 1983.

Seitz, P.: Zwiebeln. GartenLand 7, 16–19, 1985.

Seitz, P.: Wilder Salat in Kreßpöhlen. GartenLand 5, 13–14, 1985.

Schmid, O., Henggeler, S.: Biologischer Pflanzenschutz im Garten. Verlag Eugen Ulmer, Stuttgart 1984, 6. Aufl.

Weser, A.: Ein Zyperngras als Gemüsepflanze. Gartenpraxis 9, 65–67, 1984.

Weser, A.: Japanknollen – ein wenig bekanntes Gemüse. Gartenpraxis 8, 61, 1985.

Wilhelm, P. G.: Das Gartenbuch für jedermann. Verlag Eugen Ulmer, Stuttgart 1985, 4. Aufl.

Sachregister

Seitenzahlen mit Sternchen * verweisen auf Abbildungen